生死學叢書——傅偉勳 主編

生命的抉擇

——生死觀與器官移植

藤井正雄　中野東禪
金岡秀友　和田壽郎　著
陳玉華　李金鈴　譯
林水福　審閱

東大圖書公司

國家圖書館出版品預行編目資料

生命的抉擇：生死觀與器官移植／藤井正雄，中野東禪，金岡秀友，和田壽郎著，陳玉華，李金鈴譯，林水福審閱.--初版.--臺北市：東大發行；三民總經銷，民86

面　：公分.--（生死學叢書）

ISBN 957-19-2127-0（平裝）

191

國際網路位址 http://sanmin.com.tw

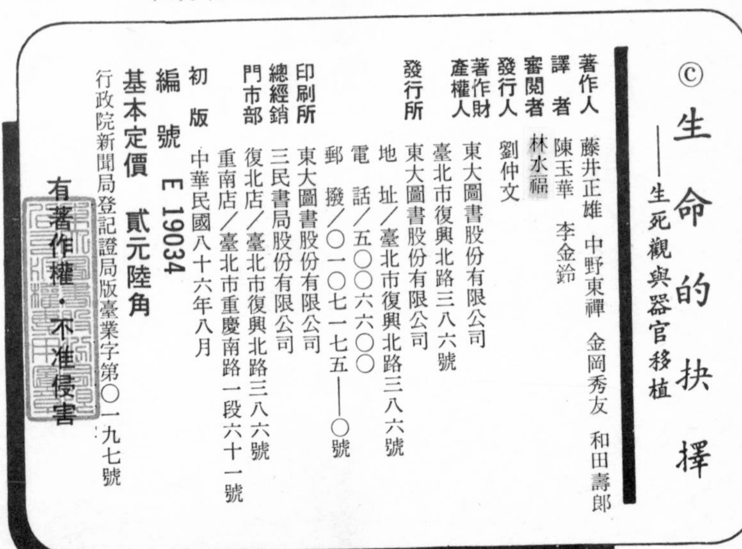
© 生命的抉擇
——生死觀與器官移植

著作人 藤井正雄 中野東禪 金岡秀友 和田壽郎
譯者 陳玉華 李金鈴
審閱者 林水福
發行人 劉仲文
著作財產權人 東大圖書股份有限公司 臺北市復興北路三八六號
發行所 東大圖書股份有限公司
地址／臺北市復興北路三八六號
電話／五〇〇六六〇〇
郵撥／〇一〇七一七五──〇號
印刷所 東大圖書股份有限公司
總經銷 三民書局股份有限公司
門市部 復北店／臺北市復興北路三八六號
重南店／臺北市重慶南路一段六十一號
初版 中華民國八十六年八月
編號 E 19034
基本定價 貳元陸角
行政院新聞局登記證局版臺業字第〇一九七號

ISBN 957-19-2127-0（平裝）

INOCHI NO SHUMATSU

Originally published in Japan in 1988 by DOHOSHA PUBLISHING CO., LTD..
Chinese translation rights arranged through TOHAN CORPORATION, TOKYO.

「生死學叢書」總序

兩年多前我根據剛患淋巴腺癌而險過生死大關的親身體驗，以及在敝校（美國費城州立天普大學宗教學系所講授死亡教育(death education)課程的十年教學經驗，出版了《死亡的尊嚴與生命的尊嚴——從臨終精神醫學到現代生死學》一書，經由老友楊國樞教授等名流學者的強力推介，與臺北各大報章雜誌的大事報導，無形中成為推動我國死亡學(thanatology)或生死學(life-and-death studies)探索暨死亡教育運動的催化「經典之作」（引報章語），榮獲《聯合報》「讀書人」該年度非文學類最佳書獎，而我自己也獲得「死亡學大師」（《中國時報》）、「生死學大師」（《金石堂月報》）之類的奇妙頭銜，令我受寵若驚。

拙著所引起的讀者興趣與社會關注，似乎象徵著，我國已從高度的經濟發展與物質生活的片面提高，轉進開創（超世俗的）精神文化的準備階段，而國人似乎也開始悟覺到，涉及死亡問題或生死問題的高度精神性甚至宗教性探索的重大生命意義。這未嘗不是令人感到可喜可賀的社會文化嶄新趨勢。

配合此一趨勢，由具有基督教背景的馬偕醫院以及安寧照顧基金會所帶頭的安寧照顧運動，有了較有規模的進一步發展，而具有佛教背景的慈濟醫院與國泰醫院也隨後開始鼓動臨終關懷的重視關注。我自己也前後應邀，在馬偕醫院、雙蓮教會、慈濟醫院、國泰集團籌備的臨終關懷基金會第一屆募款大會、臺大醫學院、成功大學醫學院等處，環繞著醫療體制暨醫學教育改革課題，作了多次專題主講，特別強調於此世紀之交，轉化救治(cure)本位的傳統醫療觀為關懷照顧(care)本位的新時代醫療觀的迫切性。

在高等學府方面，國樞兄與余德慧教授（《張老師月刊》總編輯）也在臺大響應我對生死學探索與死亡教育的提倡，首度合開一門生死學課程。據報紙所載，選課學生極其踴躍，居然爆滿，出乎我們意料之外，與我五年前在成大文學院講堂專講死亡問題時，十分鐘內三分之一左右的聽眾中途離席的情景相比，令我感受良深。臺大生死學開課成功的盛況，也觸發了成功大學等校開設此一課程的機緣，相信在不久的將來，會與宗教（學）教育、通識教育等等，共同形成在人文社會科學課程與研究不可或缺的熱門學科。

我個人的生死學探索已跳過上述拙著較有個體死亡學(individual thanatology)偏重意味的初步階段，進入了「生死學三部曲」的思維高階段。根據我的新近著想，廣義的生死學應該包括以下三項。第一項是面對人類共同命運的死之挑戰，表現愛之關懷的（我在此刻所要強調的）「共命死亡學」（destiny-shared thanatology），探索內容極為廣泛，至少包括（涉及自殺、死刑、安樂死等等）死亡問題的法律學、倫理學探討，醫療倫理（學）、醫院體制暨醫學教育改革課題探討，（具有我國本土特色的）臨終精神醫學暨精神治療發展課題之研究，老齡化社會的福利政策及公益事業，死者遺囑的心理調節與精神安慰，「死亡美學」、「死亡文學」以及「死亡藝術」的領域開拓，（涉及腦死、植物人狀態的）「死亡」定義探討，有關死亡現象與觀念以及（有關墓葬等）死亡風俗的文化人類學、比較民俗學、比較神話學、比較宗教學、比較哲學、社會學等種種探索進路，不勝枚舉。

第二項是環繞著死後生命或死後世界奧祕探索的種種進路，至少包括神話學、宗教（學）、文學藝術、（超）心理學、科學宇宙觀、民間宗教（學）、文化人類學、比較文化學，以及哲學考察等等的進路。此類不同進路當可構成具有新世紀科際整合意味的探索理路。近二十年來愈行愈盛的歐美「新時代」（New Age）宗教運動、日本新（興）宗教運動，乃至臺灣當前的種種民間宗教活動盛況等等，都顯示著，隨著世俗界生活水準的提高改善，人類對於死後生命或死後世界（不論有否）的好奇與探索興趣有增無減，我們在下一世紀或許能夠獲致較有「突破性」的探索成果出來。

第三項是以「愛」的表現貫穿「生」與「死」的生死學探索，即從「死亡學」（狹義的生死學）轉到「生命學」，面對死的挑戰，重新肯定每一單獨實存的生命尊嚴與價值意義，而以「愛」的教育幫助每一單獨實存建立健全有益的生死觀與生死智慧。為此，現代人的生死學探索應該包括古今中外的典範人物有關生死學與生死智慧的言行研究，具有生死學深度的文學藝術作品研究，「生死美學」、「生死文學」、「生死哲學」等等的領域開拓，對於「後傳統」(post-traditional)的「宗教」本質與意義的深層探討等等。我認為，通過此類生死學的種種探索，我們應可建立適應我國本土的新世紀「心性體認本位」生死觀與生死智慧出來，有待我們大家共同探索，彼此分享。

依照上面所列三大項現代生死學的探索，這套叢書將以引介歐美日等先進國家有關死亡學或生死學的有益書籍為主，亦可收入本國學者較有份量的有關著作。本來已有兩三家出版商請我籌劃生死學叢書，但我再三考慮之後，主動向東大圖書公司董事長劉振強先生提出我的企劃。振強兄是多年來的出版界好友，深信我的叢書企劃有益於我國精神文化的創新發展，就立即很慷慨地點頭同意，對此我衷心表示敬意。

我已決定正式加入行將開辦的佛光大學人文社會科學學院教授陣容。籌備校長龔鵬程教授屢次促我企劃，可以算是世界第一所的生死學研究所(Institute of Life-and-Death Studies)之設立。希望生死學研究所及其有關的未來學術書刊出版，與我主編的此套生死學叢書兩相配合，推動我國此岸本土以及海峽彼岸開創新世紀生死學的探索理路出來。

一九九五年九月二十四日傅偉勳序於
中央研究院文哲所（研究講座訪問期間）

「生死學叢書」出版說明

本叢書由傅偉勳教授於民國八十四年九月為本公司策劃，旨在譯介歐美日等國有關生死學的重要著作，以為國內研究之參考。傅教授從百餘種相關著作中，精挑二十餘種，內容涵蓋生死學各個層面，期望能提供最完整的生死學研究之參考。傅教授一生熱心學術，對推動國內的生死學研究風氣，更是不遺餘力，貢獻良多。不幸他竟於民國八十五年十月十五日遽爾謝世，未能親見本叢書之全部完成。茲值本書出版之際，謹在此表達我們對他無限的景仰與懷念。

東大圖書公司編輯部　謹啟

序文

「醫療與宗教協會」創立於昭和五十九年十二月；在此之前，日本醫學界不曾把屬於科學領域的醫學和宗教一同思考。

十年前日本醫學界開始研究「臨床死亡」，此後，不僅是研究會會員，舉凡醫生、護士以及其他醫護人員也都開始透過死亡來了解生命。

「醫療與宗教協會」是由全國重視宗教功能的醫生、護士、社工人員與佛教、基督教、神道等各派宗教家共同創立，他們期待以更寬廣的角度去思考生與死的問題。

本書中所蒐集的論文皆是以生死與宗教醫療的角度所寫成，在每個月的聚會中發表；我想這大概是日本最先以這類主題為文的出版品吧！相信此書將給一向對生命採取冷漠態度的醫學界以及和醫學界毫不相容的宗教界帶來一大衝擊，更期待透過此書提供日本醫學界一大新方向。

聖路加看護大學校長

日野原　重明

生命的抉擇
——生死觀與器官移植

目次

佛教與日本人與生死觀

——與器官移植的關連

藤井正雄

一、如何解釋宗教

去年我曾以宗教學者的身分，出席外科醫師聯合會舉辦的「器官移植座談會」並發言。要把發言的內容作結論為期尚早。為何說為期尚早呢？因為日本尚缺乏足以容許器官移植的充分且必要的條件。因此我不能急著做結論，再者，與其將它視為宗教問題，不如視為文化問題。

若從神道、佛教等個別的宗教立場來看，在教義上，佛教並不注重身體本身，所以當然會對器官移植說ＹＥＳ。但若考慮到現實宗教的問題，卻因宗教及信仰無法脫離生活，而與教義產生很大的差異。以下我從一般專攻宗教學的人如何解釋宗教說起。

教義．禮拜儀式．宗教團體

構成宗教的支柱是教義、禮拜儀式與宗教團體，而宗教就是這三支柱的整體。教義在宗教的分類上可依有無祖師而分為「創倡宗教」與「自然宗教」，但不論有無祖師，將教化歸納為一即為教義，基於教義而做的肢體活動為禮拜儀式。教義屬於理念層次，禮拜儀式則屬於活動層次。教義與禮拜儀式之間當然有相互關係，因為禮拜儀式就是以肢體表現教義。

就佛教來說，釋迦牟尼及日本現存的十三宗五十六派的祖師都已涅槃，因此禮拜儀式的存在，可視為教徒經由禮拜儀式的宗教行為來體驗祖師的教化。

若將佛教大略分為顯教與密教，二者在禮拜儀式上也有很大的差異。可說每一個動作都有各自的意義。就淨土宗的佛與人的關係來說，人雖具有成佛的素質，但人與佛還是分開的；這就是顯教的特質。就人是一種可藉著佛的本願（普濟眾生之願）而獲救贖的存在來說，人在儀式開始前先迎佛至道場，此時需以長跪合掌迎賓客的形式迎佛。

密教的教義為「即身成佛」，也就是人與佛成為一體。因此，首先必須進行淨三業以清淨人的身心。三業（行為）即身業、口業、意業；清淨身體、口及心之後再迎佛。為了與佛合為一體，必須清淨自己的身體、口（言語）、心。就這意義來說，密教的禮拜儀式將重點放在迎佛儀式的前階段。

另一方面，屬於顯教的淨土宗則將迎佛儀式化、形式化。由此可知教義與禮拜儀式之間有密切的關係。

接著來談禮拜儀式與宗教團體的關係。宗教團體由複數的人形成，他們是同信共同體，也就是擁有相同信仰的共同體。因此，藉著舉行共通的禮拜儀式，例如唱誦「南無阿彌陀佛」或「南無妙法蓮華經」，來強化活在相同信仰下的團體間的連帶感。

教義鞏固宗教團體，而宗教團體藉禮拜儀式支撐。宗教團體以宗教設施為中心，除了拜祭主神、陳設香爐、花瓶及燭臺、備齊禮拜儀式需要的木魚、鐘等各種佛具外，還提供禮拜儀式的場地。由這形式可知宗教團體、禮拜儀式與教義之間有密切的關係。因為有宗教團體，教義才得以保存，有禮拜儀式，宗教團體才得以繼續存在。

由此來看，我們當然要以構成宗教的三支柱整體為思考基礎。而討論宗教時，首先必須注意的就是不同的觀點將會產生不同的結論。

民俗信仰的問題點

剛才以純粹的形式論述宗教，其次，談佛教傳到日本時究竟產生何種結果。

佛教傳入日本時，首先與民俗信仰產生關係。因為佛教若要在日本生根，就必須先融入民俗信仰。例如舉辦觀音講、念佛講等「講」（法會之意）。這些即使冠著觀音、念佛等佛教用語，實際上也存在與佛教完全無關的日本習俗。

另外從我專攻的宗教禮拜儀式來看，也有民俗信仰融入佛教的一面。例如葬送習俗（葬禮習俗）或墳墓習俗，這些原本都和佛教沒有關係，但現實中也產生融合的情形。

由於有這樣的實際狀況，在理解日本佛教時，就必須從佛教民俗化與民俗佛教化這二個相乘作用來看現在的佛教的實際狀況。首先回溯到基本，從印度佛教、中國佛教及日本佛教等個別的生活宗教觀點來看，發現三者完全不同。例如，日本佛教傳到美國成為美國佛教時，就會帶有基督教的文化背景。

美國的佛教不得不和基督教一樣在醫院傳教，僧侶也必須到醫院傳教。另外就宗教團體來說，即使特別佈置成正殿的樣子，但裡面放的不是榻榻米，而是基督教教會中的椅子及講壇。

要是在日本，僧侶到醫院傳教會產生很嚴重的問題。當我的父親還是增上寺的住持時，我曾在虎之門醫院住院二個月。由於寺廟就在隔壁，他經常來看我，並且都穿僧袍、帶隨行僧侶。每當他出現時，醫院內就會顯得很吵。因為人們就會開始討論是誰死了。因此只要聽到吵雜聲，我就知道我父親來了。總之，僧侶會令人聯想到死亡。

照這樣來看，若要從基本上考慮器官移植的問題，只從教義層面思考佛教，將無法解決問題。不如先看看從佛教與民俗宗教的關係中，到底產生何種生死觀?這種生死觀和佛教教義有什麼分歧，又如何發展成現狀?若不清楚這些問題，基本上我認為器官移植及包含腦死問題的安樂死也無法解決。

看不見的宗教

日本不只有佛教，還有神道、基督教、新宗教等。若將其圖形化以三角形來表示，將更容易了解。每種宗教的底層都有看不見的宗教，也就是文化宗教。所謂文化宗教就是眼睛看不見的宗教(invisible religion)，亦即每個日本人心中都有神、佛。因此我常說，神佛分離後，佛教直到現在也還設有神龕，各本寺也都建造神社作為守護並在每天早上禮拜。因此神佛分離只是神道單方面提出來的離婚宣言罷了。

以日本人來說，神佛一體的感覺已經以眼睛看不見的宗教形式進入潛意識中。因此藉著民俗佛教化與佛教民俗化的相乘作用而形成的佛教宗教團體及包含神道的制度宗教，都是將文化宗教擺在底層的宗教結構。

以制度形成的宗教 (established religion)，換句話說，就是繼承宗教 (inherited religion)。而繼承宗教更簡單地說，就是被編入的宗教；在我們出生的同時，就被編入家庭的宗教中。而就當地的宗教來說，則是與神社產生關係。佛教、神道都是被編入的宗教，因此若以神道來說，神社神道、教派神道等都佔有個別的位置。另外我們還可以在內心深處發現民間神道的存在。制度宗教、被編入的宗教就被放在這樣的基礎上。

相對於此，另一個宗教型態稱為組織宗教。我認為將組織宗教稱為創造宗教比較好。因為它並不是被編入的宗教，而是依自己的意志加入某個宗教團體。而加入的人所構成的宗教就是新宗教。但這個組織宗教會隨著時代的遷移而被歸類為制度宗教。若以位在三角形頂點的組織宗教來說，不論是立正佼成會、靈友會還是創價學會都受到制度宗教的影響，並且背負著眼睛看不見的文化宗教。我認為問題點就在這裡。

二、器官移植的理論

若問神道思想如何處理器官移植或安樂死的問題，這只能在理念層次討論。但在日本，若是一個必須獲得國民認同的問題，就會產生是否可以將這個問題單就理念層次來討論的另一個問題。接著就來談這個問題。

我在外科醫師聯合會的發言內容要旨中曾提到充分且必要的條件，那麼到底是什麼條件呢？第一，日本沒有「醫師與宗教的合作」。第二，缺乏「建立以宗教倫理支持的醫學倫理」。現在雖然有醫院倫理委員會的組織，但加入這個委員會的宗教人士卻是寥寥可數。另外還有「患者的自我決定權」。實際上從日本法律中的自我決定權來看，不論是捐出遺體做為醫學解剖用或捐贈眼角膜及腎臟，遺族的意願都獲得尊重。這一點與歐美完全不同。

患者的自我決定權，亦即是否接受醫療為個人的自由，而捐贈器官也依據本人的意願。其實這個權利既不出自基督教，也不出自佛教，而是出自人道主義。

文化層次的問題

一九八二年，我應在墨西哥舉辦的世界社會學會議的邀請，以亞洲代表的身分發言，那時我被分配到「死的社會學」那一組。那次我特別講述有關日本的葬禮。而在同一組的荷蘭西里霍斯塔教授則講述荷蘭的安樂死。

他首先以做學問的步驟將安樂死分為制度層次、個人態度層次以及醫學層次等三層次來考察。首先看荷蘭在制度的層次。如前所述，在教義層次、理念層次上，基督教從生命為神的禮物的這種被造物的意識出發，認為苦痛可以淨化人類並給予人類更深的洞察力以通向神的道路。總而言之，教義將大部分重點放在藉著病痛而認識神。這可以說與佛教相同。

但就佛教來說，與其說是對立的狀態，不如說與病痛有良好關係。例如有名的禪僧良寬禪師便認為生病比較好。因為生病會令人更注意自己的身體。他說熱的時候就要熱，冷的時候就要冷。生病時只要在病痛的現狀中與其有良好關係即可。

這種想法的差異來自對文化看法的不同。所謂文化當然有相對於自然的意思，而CULTURE是個有耕作自然之意的詞彙。他們將文化視為與自然的對立。但在日本，卻認為文化與自然融合。當文化與自然產生差異時，基督教將相對於造物者的稱做被造物，而創造者與被造者的關係就在這裡，因此基本上與日本文化不同。

從明治末年開始活躍的宗教學者加藤玄智曾論及人與神的關係，並將西洋的人神關係稱為「神人間隔教」。相對於此的東洋，特別是以佛教為基本的東洋思想在人神關係上則稱為「神人同一教」。總而言之，佛教基本上認為所有的人都具有成佛的素質（佛性）。因此，人可以藉著死亡而成佛，人與佛之間有一線連接，並無隔絕。正因為如此，才有山川草木悉皆成佛，亦即承認所有東西都有生命。因此佛教在這種緣起的思想中會比較重視橫向聯結。

不只是佛教，日本的葬禮都會對棺材念經，但基督教則不同。在《舊約聖經》第一章〈創世紀〉的亞當與夏娃的誕生故事中，神依自己的外型用土捏製娃娃，在娃娃上吹氣後亞當誕生。也就是說，肉體是土製成的，而型態則是神的複製。因此死後的遺體被視為神的聖業而留下。由於我們的生命、靈魂是神的一口氣，因此依據「神的歸於神、凱撒的歸於凱撒」之說法，便產生靈於死後昇天的想法。

因此，葬禮中最重要的事就是將死者的靈交給神，這成為臨終最重要的儀式。在西部片中，抱起被擊倒的男人後，會先問他「還可以嗎」，或說「快叫醫生」，但在傷者快死時，就會有「不必叫醫生了，找牧師來吧」的臺詞。請牧師在人嚥下最後一口氣的瞬間將靈交給神的儀式變得非常重要。當然佛教也有臨終儀式，但徒具形式。因此「神的歸於神」，所留下的是神的聖業，也就是以紀念的形式留下。

西歐的遺體觀與葬制

在歐洲，通常有為了參與復活的秘儀，必須將作為神的聖業所遺留下來的遺體土葬並保存肉體的想法。因為原來就來自於土，因此死後也歸於土。我以前也都這樣認為，但今年去歐洲一段期間，直到本月初才回來。雖是接受厚生省的委託討論墓地的問題，但在走了一趟歐洲後，才了解並不是這麼簡單。

事實上自一九六〇—七〇年代，歐洲非常盛行火葬，英國達到六〇%。看火葬業協會的雜誌，在一九八二的統計中，捷克為六九・三五%，一九八三年，丹麥為六〇・三%，瑞典為五五・五%，瑞士為五一・二七%，英國達到六七・三%，火葬於一九六〇—七〇年代急速增加。天主教教會於一九六三年廢止禁止火葬令，等於是被迫承認火葬已經逐漸普遍的現象。

另外，歐洲對屍體的想法也有很大的變化。十年前所做三個月的調查時還未發現，但之後卻有了相當的變化，因此嚇了一跳。將遺體火葬並撒骨灰的葬法從北歐諸國開始。英國有一處墓地叫做斯卡達林古廣場。德國的漢堡則有亞諾紐姆，像這類所謂的無名墓地愈來愈盛行。我在墓園中看到一處草坪，那裡有寫著Be ware grass cutting的標示。我問墓園的管理者為什麼不能割這草坪的草，他說「因為這裡是墓地」。我再問「以何種方式埋葬」，他說「剪下草，撒骨灰」。而且是個不告訴遺族骨灰撒在哪裡的墓地。最令人驚訝的是，根據火葬業協會的統計，火葬率在英國雖說有六七・三%，其中有五八・六%都利用這個墓地。也就是說，火葬的人為六七%，而其中的一半，也就是三四—三五%的人埋葬在這個斯卡達林古廣場。

特別是英國，這裡沒有像日本一樣重視遺骨的想法，因此將火葬後的骨灰再放進攪拌機裡，將變成像芝麻鹽的骨灰放入塑膠袋中拿去撒。若在漢堡，則將骨灰放入白鐵製骨罈中埋葬。

據說這個葬法於四、五十年前來自北歐的斯堪地半島及丹麥。英國則從一九七〇年代開始。關於這個說法的詳細內容我並未查文獻，但到目前為止，都還未曾在任何文獻上看到這類記載，因此在英國、德國、瑞士、捷克等應該還只是最近的事，可說是個只有十四、五年歷史的葬法。從這個事實可以知道歐洲對遺體的觀念正逐漸改變。

由地圖來看，有倫敦，丹麥，往上面有斯堪地半島。在德國有漢堡、杜塞爾多夫、科隆等，再往下則到慕尼黑。但在杜塞爾多夫完全沒有這種葬法。亞諾紐姆以及斯卡達林古廣場的葬法以飛躍的形式在慕尼黑到巴塞爾等的瑞士地區發展。若以基督教的派別來看，事實上是因為杜塞爾多夫附近的天主教勢力強才會如此不同。由此可知歐洲也會因教派不同而產生差異。

在這裡完全將遺體視為屍體。因此屍體不是問題，比較重視的是生者以何種方式追思死者。例如在亞諾紐姆的草坪追思。我到倫敦市墓區時嚇了一跳，因為坐在這個墓地的長凳時會看到姓名牌，牌上寫著「in loving memory of某某」，或者寫「in memory of某某」。不只是長凳，玫瑰園裡和沿路的梧桐樹下也都有。這座墓園除了道路以外都是販賣品，不論樹木、長凳、走道的側壁都成為憑弔故人的場所。在這種情況下會使人對遺體不再有感覺。

美國則還非常保守。由於還存有死後生命延續的觀念，因此仍以土葬為主，火葬率只在一〇%上下。但加州的火葬率則為四〇%，因此可以看到將骨灰從金門大橋撒下，或是海上投棄、空中葬等葬法。歐美對遺體的想法雖較進步，但在器官移植方面也還有問題。

安樂死、器官移植與基督教

接著來討論荷蘭國界發生的安樂死事例。在歐洲基督教圈中，火葬雖自一九六〇年代開始普遍，但天主教方面則完全不參加葬禮。隨著火葬率急遽增加後，神父才不得不從事葬禮。因此就在一九六三年修改教會法而廢除火葬禁止令。但在保守的天主教圈還是很少採用火葬。在這一方面，天主教基於被造物的意識，原則上對安樂死，特別是企圖直接介入生命的「積極的安樂死」反對的聲音非常強烈。相對於此，世俗的組織則從人道主義的觀點將自己的生命交由自己的責任決定。因此在器官移植方面便產生所謂尊重自我意願的自我決定權、living will（生存意志）、self determination（自我決定）等想法。這使得人們對安樂死及器官移植的贊成度有逐漸升高的趨勢。

就個人態度的層次來說，由於有個別因素的變化，因此可看見積極的參加者。宗教與宗教學者之間，宗教學者有比較積極的贊成意向。在教派上則剛好與火葬的情況相反，天主教比新教徒寬容。而在新教徒中，屬於正統新教的加爾文教派對安樂死非常抗拒。在這裡我愈來愈不能了解的是，儘管對遺骸的感覺及遺骸觀使天主教很頑固地拒絕火葬，但對安樂死及器官移植，天主教則比新教徒積極。從這裡可以看出歐洲的複雜情況。這裡值得特別注意的是杜塞爾多夫，這是天主教勢力非常強的地方。

我從剛才就一直說土葬的採用是因為存在著害怕無法參加復活祕儀的迷信。其實幾乎所有人都有這種看法，我只不過是沿襲罷了。但這裡我要重新提我的意見，因為事實上我並不這麼認為。

為什麼一九六〇年代火葬會急速增加呢？這個世紀初英國便已經開始採用火葬，除了火葬場協會的宣傳因素之外，該如何解釋這種現象呢？我認為應該注重的是神的聖業。而杜塞爾多夫使我更加確定這點。

墳墓當然全部都是契約制，是十年契約、二十年契約的契約制。一般墓園是二十年、三十年，大致上有二至三個選擇幅度，但在杜塞爾多夫則非常富於變化。我曾問原因，回答是因為這裡曾做過土質檢查。如果土壤鹼性成分高，會使屍體不易腐爛，所以墓地的契約是三十年；如果是酸性土壤，契約就訂十年。

全歐洲及美國似乎都有絕不可以再將遺體挖出的想法；日本則經常有改葬的情形。前者以不可挖起已經埋葬的屍體為基本原則。因此從肉體是否腐爛的判斷，就可以了解為什麼墓地管理會導入契約制度。

說起來，由於遺體以神的聖業型態留下，因此便產生人在遺體腐爛之前不可以任意搬弄遺體的原則。反過來說，若屍體腐爛了，就不會冒瀆神。其實我認為這是基督教的遺骸觀、屍體觀。當火葬進入這個觀念後，遺體便成為骨灰，而且只要將骨灰歸於土即可。這裡並不考慮死後的事。也就是說，他們的想法轉變為只要確認骨灰可以作為紀念物即可。

接著必須來談談日本人的遺體觀、屍體觀為何？若從剛才西里霍斯塔教授的觀念出發，就實施的層次來看，由於努力維持生命、延長生命為醫師的義務，因此首先要談的毋寧是醫師在醫療現場所面臨的人、醫療的解決。因此宗教因素無法在這裡產生作用。而在宗教被納入個人層次的現狀，或許可以簡單地以世俗化來說明這一點，但安樂死的問題和世俗化並無關係。它是從我所強調的人道主義，也就是從作為人該如何的思考出發。這點需牢牢記住。

因此，從佛教教義討論器官移植的問題，問題將完全無法解決。我認為與其討論日本人如何看待遺體，不如做啟蒙的工作，這樣才可以解決問題。

佛教的身體觀

從佛教經典中可以舉出許多捨身的故事。例如有名的本生傳中的「兔子的施捨」，以及把自己的身體給飢餓的老虎吃的故事。總之有「鸚鵡的報恩」等各種的故事內容。

在佛教教義上，說明人的身體因藉著緣起的思想而為五暫時結合。也就是說，我們的身體只是暫時由五個要素結合。塔婆（譯注：為了行供養，立於墓後的一種呈塔形的細長板子）由上而下寫著迦(kha)、訶(ha)、羅(ra)、婆(va)、阿(a)。真言密教若從下面說起，是地大、水大、火大、風大、空大的五大思想。其中的地、水、火、風等四個是人的身體。空則集合這四個要素而成為成長的根源。

總而言之，地是有形之物，因此可以製作人的身體。在身體中有水分，我雖不是很懂醫學上的知識，但聽說水分在構成人體的要素中佔了六〇—八〇%，這就是水大。所謂火大是指人體有熱度，由於活著就有熱氣，因此常以沸騰的熱情或血來比喻。藉著風大，我們可以呼吸。而人活著的身體則在空大成長。

由此可知現實的身體是暫時的結合，而正因為是暫時的，所以會藉著死亡回到原來的世界。以方法來說，只要以這四個要素中的其中一個回到原來的世界即可。若以地大還原就是埋葬，以水大還原就是水葬，以火大還原就是火葬，以風大還原就是以風葬還原到原來的世界。基於這種想法，死後建塔婆時就在上面寫上暫時的結合這種宇宙觀並在背面寫上卍字。卍在真言密教中代表大日如來。也就是說在表現佛以及與死者成為一體的意思上，因回歸原來的世界而建塔婆。其中當然含有宗教意義。就這意思來看，佛教本來就沒有對身體的執著。不論哪部經典都看不見這種執著。

身心的控制

我所屬的淨土宗，有法然上人所說的「即使捨身、命、財，還是要說淨土之法」。親鸞聖人則說「若自己死了，應該丟入鴨川當魚餌」。像這種例子可說不勝枚舉。若看我們的現實生活，我們的身體是暫時結合，在暫時結合的肉體中，心無法自由。因此佛教將基本的重點放在如何控制身體上。現在醫學上很盛行「心身症」，但佛教的說法則剛好相反，是「身心」。

有一稱為七佛通戒偈的有名偈文，其中有一句說「諸惡莫作」，就是不作壞事。另外有「眾善奉行」，行種種善事。而「自淨其意」是心自然清淨。「是諸佛教」是說這都是諸佛的教誨。

若問這偈文是什麼意思，可以說因為我們的心相當難以控制，而心與體又有相關關係，因此若要控制心，首先就要調節身體，不作壞事。將做好事變成一種習慣。調節外形，也就是說讓心保持在最放鬆的狀態是很重要的事，因為只要照顧好身體，自然地就可以控制心。

我們如果使用精神，胃就會不好，肩膀也會酸。這是因為心的疾病從身體產生。反過來看就是佛教的教誨。藉著調節外形而使心清淨，於是產生形與心的相關關係。

因此若將修行的重點放在身體，只要依照個人的看法調節身體，心就可以隨意改變。心難以控制是因為無法控制自己的身體，因此親鸞聖人才會說即使念佛也是空念佛。只要看見女性，就會因色情而暈眩。

這種情況中的修行雖是一種努力的方法，但只有在身體消失時才能自由。因此與其說對身體沒有執著心，不如談如何控制身體。例如在修行階段與女人之間有感情問題，就可以藉著想像那個女人因病死亡以及肉體腐敗的假設來斷除煩惱。平安期以後則有「九相詞畫卷」。這是藉著問甚麼是最重要的東西而來處理心的問題。

墓與遺骨

在鎌倉佛教中，沒有任何一位祖師曾要求造自己的墳墓。以法然上人來說，當弟子問「您過世時該如何處理墳墓的事呢」，他便回答「只要有念佛聲的地方都是我的墳墓。你們不可以為我造墓」。

另外法然上人也說不可以建寺廟，這到底是什麼意思呢？在《續日本後紀》中的承和七年，也就是西元八四〇年時，有淳和天皇散骨的例子。散骨——天皇留下遺言要臣子將自己死後的火葬骨撒在山地。為何天皇要這麼做呢？理由是要是造墓，鬼魂會在附近作祟。

從這一方面來看，釋迦佛的國家，印度也是將骨灰撒入河川。由於是五蘊暫時結合，還原成原來的狀態是最基本的作法。但當印度佛教傳入中國，便與儒教文化、道教思想合為一體而產生墳墓。這種墳墓文化又原封不動地傳入日本。因此，在佛教教義上對遺體雖不執著，但在民俗上，充滿迷信的遺體觀、屍體觀卻在日本民間形成。在此我們不可以忽視這種情況。火葬的確可以追溯到八世紀以前，但百分比很低。而且明治三〇年左右的火葬率只有三〇％弱。戰後升到五〇％，後來產生急遽變化，一九八四年為止已有九四％。

在佛教傳入的時期，若火葬非常廣泛，我想就不會有這種想法。但與歐美相比，日本維護火葬遺骨的想法是非常明顯的特徵。英語說ashes，由於是骨灰，因此可以說歐美對火葬的感覺完全不同。

在上田秋成的《雨月物語》中有屍姦、凌辱屍體、或是貪食屍體的食人鬼。另外在德川吉宗時制定的「御定書百條」中，也規定弒主弒親處磔刑的重罰。但偶爾也會有犯人在未行刑前便死於獄中，這時該如何處理？於是附加一條附帶事項，必須先將屍體醃著再按照判決處以磔刑。由此可知日本人在江戶時代就已經有屍體不是物、亡骸，而是有意志的東西的想法。

在我所調查並編輯的《墓地墓石大事典》中有一章是「墳墓世態史」，在這一章中，我從明治、大正的報紙中摘錄有關掘墓的報導。例如當結核病還是不治之症時，便有喝骷髏水、腦漿就能痊癒的說法。另外還有將頭蓋骨焙成黑灰而吃粉，據說這種妙藥可以有效治療梅毒，因此十分流行。當時常可看見這種報導。除此之外，一直到明治．大正．昭和初期也都還有檢舉沿街叫賣的商人的報導。

在岩波新書出版的《原爆奪走我的丈夫》這本書中，也有提到因聽說骨灰可治療原爆症，而將丈夫的骨灰塗在兒子的燒傷處。像這類連火葬後的骨灰都可成為妙藥的情況到底意味著什麼？

從這裡可以看出屍體不是物而是有感情的東西的說法。而這也意味著佛教以錯誤的型態被日本人接受。

葬禮的意義與遺骸觀

回到剛才的事例，在基督教中，遺體以紀念的型態而留下，因此講述弔辭時需背對著棺材。另一方面，就佛教來說，現今則是對著祭壇誦經。這種差異從何而來，可以說是從遺體是成佛的主體這一想法而來的。

舉葬禮的例子來看。這例子與佛教有關係。葬禮中有「沒後作僧」，是指死後成為僧侶，因此便授與死者戒名讓他成為佛弟子。戒名原本是在生前授與，它相當於基督教中的受洗。授戒及引導是構成葬禮的兩大支柱。

授戒本來是指授與戒名，而戒名是接受誡律皈依佛教宗教團體時所取的名字。但在日蓮宗中，法華行者因「往鷲山朝拜」——《法華經》中所說的往生靈鷲山淨土並沒有錯而不行授戒。真宗遵循真宗教義而不設戒。

親鸞聖人說非僧非俗，亦即不是僧也不是俗。總而言之就是以和尚的身分娶妻結婚。當時親鸞聖人已不是僧侶。但他所說的雖然不是僧但也不是俗的話樹立了他的無戒之戒。因此既然他否定戒，當然也不會有授戒。

除了真宗與日蓮宗外，其他的宗派都藉著授戒使人成為佛弟子並引導他。引導是帶路的意思。這是一種由身為前輩的僧侶引導新成為弟子的人至淨土的儀式。

我認為讓死去的人與活著的人一樣授戒的作法會產生問題。這也是佛教者該負的責任。因為如果佛教人士不做生前授與戒名的啟蒙運動，日本人的屍體觀就不會如此鄭重。

特別就捐獻遺體方面來看，雖然已經制定了「角膜並腎臟移植相關法律」，但在死後希望捐出角膜者的幾個百分比中，都說不捐兩眼而只捐一眼。為什麼會這樣呢？從捐贈者的原則來說，雖說是同時捐贈遺體及角膜，但過三途川（死者往黃泉時渡過的河）時，要是沒眼睛會不方便。我們無法否定像這樣的想法至今仍有部分留下來。這就是在面對器官移殖或安樂死這種大問題前，需要先加以解決的問題。

從佛教、神道、基督教的教義層次來說，器官移植根本不成問題。不論哪一個宗教都沒有生前死後皆需尊重身體的說法。然而連頑固地實行土葬並拒絕火葬的天主教也因教義上有參與死後復活秘儀的是靈而不是遺體的明確回答，所以問題也可以解決。

佛教以及佛教人士至今仍停留在民俗宗教的層次，但這卻一直被認為與佛教無關而被忽略。因此如果要解決安樂死或器官移植的問題，當然要從宗教學的學術層次來研究完全不屬於學術性的東西。演講一開始就用了國民共識這個專業性名詞，但要得到這種共識還必須推動大啟蒙運動。而這運動則必須由佛教人士開始。

就尊重生命這一立場來看，醫師與佛教人士都站在同一個地方。而就這一個意思來說，他們必須要有共同的問題意識。

我從佛教與民俗宗教的相互作用，也就是說從生活宗教來做整體性的思考。佛教因融入日本社會而變質的這一面非常強烈。總而言之，日本人擁有的佛教只是日本的佛教。它已經與本來的佛教脫軌或者說已經使本來的佛教變質。佛教是非常冷靜的，這一想法在傳入日本後便逐漸改變為「人生無常」的想法。從這個意義來看，要說這樣也不錯也無所謂，但我認為不只是讓日本人知道佛教受民俗宗教的影響非常大，也必須啟蒙使與生活息息相關的佛教依照佛教的教義回歸到原來的佛教。

這些並非都只是與器官移植有關的問題，若以一句話來說生活佛教的基本，那就是布施的問題。施捨東西給別人的布施精神是構成佛教教義的根幹。捨身也是布施的一種。布施有各種的分類方法，例如財施、法施等。除此之外還有和顏施。由於笑臉對人也是一種布施，因此相互的布施便構築成佛教的世界。由此可知將自己死後不用的身體拿來幫助他人當然是出自佛教的教義。像這種佛教的新意義是今後佛教人士必須思考的。過去有很多忽視教化的情況，包括我都有這樣的情形，因此今天在此做反省並提出報告。其實不論是在日本生活的基督教徒或者是其他宗教的信仰者，所有的宗教都應該要有這種反省。

佛教的生命觀

在佛教宗派之中，我所屬的淨土宗也從去年開始設定「命」為思考主題。淨土宗除了大正大學外還有佛教大學（京都）。相同地，今年京都方面也在醫師與宗教人士的聯合下，在佛教大學的四條中心召開幾次講座，在講座中他們也思考生命，特別是何謂活著以及擁有死的生命的問題。不過在佛教人士中還沒有像基督教那樣為了應付新事態而從神學的立場再解釋《聖經》的風潮。

從佛教思考生命時，佛教的基本想法和基督教相同，都認為生命是被給予的。但人並不是由神製造，而是藉由因緣產生的想法則與基督教不同。在教義上有緣起所生，也就是說因緣而生、因緣而滅是佛教的根幹。例如我們的生命是藉著雙親而被給予，藉著雙親或者擁有雙親的形式，生命將永遠延續下去，因此稱為「緣生」。更正確地說，當自己有意識時，已是一個被生出來的存在體。

另外有一種稱為「異生」，這是說在這個世界上不會同時存在完全相同的人。每一個人都以不同的性格出生。即使是同一對父母所生的兄弟姊妹，在相貌、性格上也會完全不同。由於實際狀況是這樣，釋迦在誕生時便說「天上天下惟我獨尊」。但這並不是單純的一人獨尊的意思，而是解釋為釋迦教導我們生命的尊嚴。「山川草木悉皆成佛」，這是說所有的物都具有成佛的性質。例如，即使是一粒米也是擁有生命的存在體，而我們也因為擁有這種命而活著。也就是說，我們擁有一粒米所擁有的生命，而生命使我們的身體可以使用。這在佛教中以回向來表示。因此我們是藉著一粒米的回向而得以活著。

正因為如此，才會對死者做回向。所謂回向有從死者回向以及我們回向給死者的兩個相乘作用。因此與其說我們活著，不如自覺自己是一種受眼睛看不見的力量支撐並因此活著的存在體，如此才是從根底來思考生命。

三、通往器官移植之路

國民共識

我記得以前曾在收音機聽過像蘇聯那種社會主義國家的醫療都全部交由國家負責。據說由於死後的身體也屬於國家，因此血液全部被抽出作為輸血用。日本雖無法做得那麼徹底，但只要能想到生命是被給予的，只要死掉就只是一具屍體，因此可以欣喜地將器官捐給需要的人。在佛教的教誨上完全沒有反對這種想法的說法。因此與其做新解釋，不如讓大家了解在佛教布施、回向的想法以及如何思考人的存在中，至今為止，祖師們所說的一切對器官移植都只有GO的意思，並沒有任何反對的地方。

上述想法在日本的土壤中卻發生變質，也就是說一般的日本人使亡骸成為擁有意志的，像這樣的想法必須改正。因此我認為，如果有一個人是佛教人士，與其教他如果參照佛教教義應該是什麼情況，不如讓他的想法回歸原始的佛教人士的想法。若依照基督教的教義，這是理所當然的事。是什麼阻礙了它?事實上並不是宗教的因素，而是宗教以外的，也就是文化的因素。因此一個宗教人士也必須投身研究各宗教團體如何思考生命。

日本仍然保有對遺體的迷信。在法律上，存在著如刑法一九〇條中的屍體損壞罪，另外若在葬禮中翻倒棺材也會觸犯刑法。因此若要改正日本人對遺體的想法，必須先設法將這些法令拿到法律性的議論場上來討論。而第一個該提出討論的就是「眼角膜及腎臟移植法」中的遺族認可的問題。只有離開佛教、基督教的宗教層面，而從人的層面思考，才能解決問題。

但在這裡會有一個問題，那就是進行器官移植時，或許會像有名的羅賓・古苦在《昏睡》這部小說中所描寫的一樣，出現買賣器官的情形。當優生保護法制定而使得墮胎被許可時，佛教人士並沒有表達任何意見，令人感到十分遺憾。究竟我們是否有權利奪走即將出生的生命呢？就腦死來說，當腦死在醫學界成為議論焦點時，它還沒有獲得國民的共識。到底誰可以判定某個人已死呢？如何將這些問題簡單易懂地傳達給國民是醫師的義務，而醫師也必須開門見山地說出可以獲得國民共識的答案。

現在火葬已經佔九四％，但日本人還有土葬時的迷信。這個責任到底該由誰來負？若說佛教人士在習俗上是高高在上，那麼我認為我們的確須要負這個責任，但除此之外，這也是只會一味地接受的一般民眾的責任。總而言之，與其從學術性的意識形態來解決大問題，不如從日常生活中的小小的意識變革出發，這樣問題才可以解決。

新問題

除了這種「文化」的問題必須解決之外，墮胎也留下一個我們是否可以任意決定奪去即將誕生的生命的問題。而在西歐、特別是歐美所說的living will這個自我決定權方面，極端地說，可以自己決定自己的生命就等於認同自殺。特別是積極的安樂死，這跟自殺行為並沒有兩樣。在這種情況下，自己決定自己的生命的權利在哪裡？若要追究這個問題，那麼它與剛才所說的緣起的思想以及藉著緣起而活著的想法又如何產生關連？我認為這又是另一個新問題。

只要是稱為宗教，在談到生命的尊嚴時就都是一樣的。前一陣子有一個轟動新聞界的社會問題，那是父母因為依照「耶和華的證人」的錯誤的《聖經》解釋而奪走孩子的生命。父母究竟有沒有這種權利？我想在自我決定權方面還是有佛教人士必須思考的問題。這就是我們今後要思考的問題。而這也是必須獲得佛教人士共識的問題。

最令人遺憾的是幾乎沒有佛教人士對墮胎發表任何意見。前一陣子世界佛教徒會議在東京舉行時，我曾出一本英語的*Japanese Buddism*，由於當時想寫一些我對墮胎的意見，因此特別以英文寫一些意見在這本書中，但這還是只從教義的層次來說。當優生保護法施行時，沒有一個佛教人士反對是件令人很遺憾的事。在這種情況下，必須再一次回到原點來思考究竟該如何看待我們的生命這個問題。

當器官移植發生器官買賣的問題時，到底該如何制止？而誰又該負責任？這些都是每個國民應該了解的。特別是現在的醫療都是密室化。也就是說，如果我們一一詢問醫師病情如何，為什麼變成這種病，吃哪種藥會產生什麼變化等問題時，醫師絕對不會回答。他只會說「你們這些門外漢是不會懂的」，而且完全不回答開了哪種藥。那麼我們可以將重要的生命交給這種醫師嗎？現在還是存在這樣的問題。

恢復醫師與患者的信賴關係很重要，而在建立醫師論理上也包含宗教的問題，因此必須建立與此相關的醫學倫理。就這個意義來說，我認為這個會議非常好，而我以上所說的也是醫師與宗教人士必須協力思考生命的問題。特別是器官移植、安樂死的問題等還是與生命有關，因此不論是醫師、宗教人士還是非宗教人士的每一個人都站在相同的立場，因此都必須認真地思考。我覺得像這種會議不可以只在東京召開，應該普及全國而讓每一個國民都能提出意見來討論。

（大正大學教授）

受供養的心

——接受器官者的倫理與道理

金岡秀友

一、供養的倫理與道理

般若與方便

醫療與宗教今後將逐漸成為大問題。在我的想法上，預料會成為今後的大問題之一。首先以我的經驗來談談現今對這個問題的關心有多深。例如在埼玉縣召開的護士與醫生會議，這便是一個以醫療與宗教為主要討論內容的會議。埼玉縣似乎很關心這個問題，我就曾經再三在縣、市政府做這類演講。

從我專攻的佛教學來說，這是一個對生命結束後應有的狀態的關心在加速失去的時代，也就是說對死後狀態的不關心被認為是近代的特色。但是我對西洋的思想史、文化史常持懷疑態度。觀察東洋的思想史，近代與對死後的不關心絕對不是同時發生的。即使近代之初，對死後還是非常關心。

因此我以我的方式思考死後，而日本人對此的不關心則令人感嘆。近來對死後的關心急速加深，同時對活著的人的關心也加深，這些正合我意。而過去忽視這些事實並權宜地說近代如何的想法也應該結束了。

今天有這個機會在有神道、佛教、基督教等各宗教的人士出席的會議中演講，我覺得很光榮也很高興。

所謂般若就是智慧，更廣義地說就是洞察、方法。若以稍後將談到的事例來說，到底該如何保重身體呢？也就是說身體的健康對佛教徒來說到底有什麼意義？是即使生病也沒關係，還是不可以生病呢？若以一句話來說，般若就是能夠洞察這些問題。若說健康的人是佛教的，那麼長壽的人是佛教的嗎？這又不能這麼說。

相對於此，所謂方便常被說成「說謊也是一種方便」。像這樣在低層次理解方便的情況令人遺憾。事實上這是佛教的獨特用語，是「方法」「便宜」。實行一件事時一定要有方法。

如果可以用好幾個方法來做這件事，這就是便宜。而這種方法、便宜就稱為方便。以今天的話來說，大概就是method（方法）。

常聽見人說有很多長壽的婆婆、公公大都是身體虛弱。在這種情況下，長壽對負責照顧的年輕人來說，通常被視為一種麻煩或缺德。相反地，也有很多媳婦為病所苦。但即使媳婦已經對自己的體弱感到絕望，還是會為了體弱的婆婆而煩惱——基督教中有很多這種文獻，而我們佛教徒中也不缺這種文獻。即使是照顧自己的親生父母也會受不了，更何況是將一生都奉獻在照顧體弱的公婆上。

像這樣一生都被生活上的條件所左右的情形在佛教上就稱為「方便」。如果各位自己想想也會明白，我們絕不可能依照自己的決心過一生。自己幾乎完全被身邊的條件所左右。若堅持不被那些條件所左右，一般人就會說那傢伙很任性，很自以為是。有時候甚至會被社會拋棄。

照這樣看來，佛教將被安排的現實中的兩個東西稱為「般若」與「方便」。若般若與方便合而為一，就可以依照世界觀來生活。但這是不太可能的事。歸根究底，今日的醫療與宗教的問題也就是般若與方便的是否一致。這就是思考今天我所要講的器官移植問題的基本方法論。後面，我說一些具體的問題，我盡量不說自己的想法，而從我讀過的佛典中舉幾個例子並且公平地發表。

倫理與道理

近來由於大學在一開始就進入倫理而輕視道理，因此不得不採「倫理與道理」的順序。但對我們來說，不變的事實是道理。而決定這道理的價值就是倫理。但控制社會的是倫理，因此我也將題目定為「供養的倫理與道理」。但我並非條理式地進行討論，只是將想到的幾件事提出來談。

首先提出「供養」這個詞，這是佛教用語。若以基督教來說，則相當於服務，也就是service。在基督教用語中，或許必須回溯到最初的拉丁語及閃語，但以歐洲人通用的話來說就是service。

相對於此，在佛教中，上供給人稱做普迦(pūjā)。古典印度語中是這樣說，而作為現代語也是十分通用。若去印度，會看到美麗少女奉獻東西給佛或濕婆神(śiva)的神像旁寫著普迦。像這個普迦或是基督教中的服務——由於我對基督教是外行，所以不談它，但在佛教或更廣義地說是印度的宗教中，它的根據在於人究竟抱著哪種態度供養。

信與慈悲

這種態度和兄弟和睦或夫妻和諧不同，可以預想有某種東西的存在。若從文獻或實際狀況來考量，這個預想應該有兩種東西。

第一個是「信」。若做簡單的定義，就是「不疑之心」。關於這個「疑」，有一件重要的事必須先讓大家知道。對印度人來說，懷疑是一種比相信更強而有力的心靈活動。人類是懦弱的。所謂懷疑絕不只是無意義之心。懷疑若常是無意義的，那麼懷疑早就從人類的思想中消失了。懷疑是一種不能只從無意義或重要的這兩方面來說的心靈活動。

如果我們只以懷疑的心來和別人相處會產生什麼情形呢？若以夫婦來說，或許離婚會比現在更多吧？就這一點來說，懷疑成為人類最大的惡德。但在另一方面，若以今日的科學來看「這會變成怎麼樣」的懷疑之心，懷疑又是科學之母。關於歐洲的事，由於我沒有這方面的知識，平常也不太注意，因此在此就不提。歐洲以Wissenschaft來稱學問。Wissen是知的意思。而想要知的心情則稱為wißbegierde（學問上的好奇心）。若查德語辭典上的wißbegierde，則寫著Neugierung。而Neugierung是想要知道新事物的好奇心。若將wißbegierde與Neugierung看成相同，則懷疑當然不是無意義的。

但常常懷疑的人會變成如何呢？最後或許也會懷疑自己的妻子或丈夫。在某本書中寫著現今有三分之一的主婦背叛丈夫。如果這是真的，那麼應該有三分之一的丈夫會在搭上電車後又下車回家查看。若真的這樣，社會生活就無法成立了。所以懷疑還是要有分寸。

即使不再深談，相信各位還是可以了解「信」乃是人之所以為人的一個大根據。這個信是不惑之心、不疑之心。即使懷疑也要有一個限度。到某種地步就不再懷疑的不惑之心就是信。

佛教中說供養以及對某個人盡心就等於是自己的救贖、某個人的救贖，甚至是世間的救贖，相信這個說法的心就是信。這與基督教或神道的說法都一樣。而這就是方便，是般若。

供養的另一個根據是「慈悲」。對日本人來說，慈悲被視為一種概念，但實際上這是錯的。雖然慈與悲最終還是必須合為一體，但「慈」屬於感情上的要素，「悲」則屬於理性上的要素。

所謂「慈」是對誰都能有慈愛的心，對誰都能有友情，這樣的感情要素很強。關於詳細內容稍後再談。先來說「慈」這個字，這個字在印度原本是從「朋友」這個字而來。印度語中的朋友是密特拉(mitra)。持續擁有與那個朋友相同的心情就是「慈」。因此，「慈悲」中最重要的事就是不改變。當各位想說對這個人到底有什麼關係時，最重要的是不變的、永久的。

如果會改變就不是「慈」，不論在怎麼樣的條件下，永不改變的就是「慈」。朋友間如是，夫婦更如是。若夫婦會隨著條件而改變，那麼這種夫婦在一開始就不應該結合。

當大學學潮如火如荼地展開時，某大學的一位副教授和太太離婚。為什麼呢？原因在於丈夫因受不了騷動而調到鄉下的小學分校當老師，那時太太就說，我是嫁給某某大學的副教授，而不是嫁給小學分校的老師，因此就離婚了。像這樣就不能稱為「慈」。

所謂「慈」經常是指不變的友情。如前所述，在印度語的文法中，將朋友稱為密特拉。因此在印度人的名字中，大概有很多人叫做某某密特拉吧。若是友情的意思就會變為陰性名詞，麥依偷里(maitri)。中國人雖將其譯為「慈」，但它是衍生語，是友愛的意思。就文法來說，印度語比較便利，但中國人在「友」下面加上「愛」而造詞，他們的頭腦真的相當好。

至於「悲」則不是悲傷，而是「共同悲傷」。「悲」在印度語中稱為卡路那(karuṇā)。中國人雖將其譯為悲傷，但並不是指痛或被打敗的情形。卡路那原本是指呻吟聲。所謂呻吟聲並不是指無法忍耐或高興時所發出的聲音，而是在看見別人痛苦時，自然而然地從心裡發出的聲音。

更簡單地說，若在池邊看見快掉入池中的小孩，即使是正要前往痛恨的人的家中去慘殺其一家人的強盜，他也會很快地伸出援救之手。這時發出的「啊」就是卡路那。若已無法再發出這種卡路那，那就已經不算是人了。只要是人就一定會發出這個聲音。我還沒有經歷像剛才所說的要去殺人或看到小孩子正要摔落的情況，所以不知道自己會發出哪種驚叫聲，也或者不會發出聲音，但只要擁有一般人的靈魂，即使是慘殺了一家人的強盜，若是看到不憎恨的人的小孩就要掉進河裡，一定會發出啊的聲音。這個「啊」就是卡路那。

「慈悲」中的「悲」，這是一種不論被逼到怎麼樣的絕境的人也仍然會保有的心，只要能發出這種聲音就是擁有慈悲。在中國佛教中最受重視的《瑜珈師地論》這本偉大書籍中，有談到關於「悲」的例子。在書中，寫著何謂菩薩地。所謂「地」是指境地。若想從各種角度來思考菩薩，建議大家可以讀這本證明菩薩境地的《瑜珈師地論》。

《大智度論》——信仰與智慧

在聽完上面的內容後，相信各位已經了解若要思考也稱為「供養」的器官移植中最重要的問題時，「信」與「慈悲」將成為重要的支柱。

因此首先就來談何謂「信」。在《大智度論》這本書中有「信」的定義。其中我最喜歡的是「雖說佛法大海難入，信即能入，慧即能度」。所謂「佛法大海」是將佛教比喻為海。這個比喻在各種佛經中都能看到。它的意思是佛教就像大海，若要進入佛教這個大海，什麼會成為引導者呢?那就是「信」,也就是信仰。關於這一點,很多歐洲人都誤解它的意思。

為什麼會這樣呢?因為和基督教、神道以及其他宗教比較時,佛教經常被稱為智慧的宗教。但若以智慧開始,以智慧結束,這就不能稱為宗教,而應該說是哲學。因此佛教也是以信開始,以信結束。

《大智度論》是由一位叫做龍樹的印度論師所寫的書籍。那加・阿嚕諸那——那加是龍,而阿嚕諸那有樹的意思,但若作為形容詞則是威猛的意思,因此我將他譯為龍樹或龍猛。他曾寫各種的書籍,而那些書籍傳到日本後,已成為佛教的主流。由於他的論說成為自南都的六宗至真言宗、天台宗等八宗全部的基本,因此可以說是八宗的祖師。或者是說後來的佛教都以這位的著作為基本,並因而產生日本佛教・中國佛教,因此也被稱為百本論師。

龍樹是西元二世紀的人;釋迦佛是西元前五世紀的人。關於釋迦佛的生卒年雖有各種說法,但他活躍的主力還是在西元前五世紀,因此他們倆人相隔約七世紀。而在這段期間,產生後來普及於日本及中國的大乘佛教。

由這些事可以知道日本佛教繼承了印度建立的偉大基礎。思考「東洋」時,思考印度式的東洋比較正統呢?或是從中國的管道思考東洋比較好?像這種學問上的方法真的很有趣。不過至少在戰爭時,西田幾多郎及其門下以日本式的想法來討論東洋總令人感到勉強。因為日本並沒有那麼大的影響力。

那時候——也就是根據成為日本佛教與中國佛教的主流、創造大乘佛教基礎的龍樹菩薩的說法，創造佛教的還是「信」——信仰。

這個「信」是「能入」。在這個「能入」中，「能」不是副詞，不是「順利進入」的意思。這是動力——表示主格、表示推動的語詞，說起來是助動詞，而決不是副詞。雖想把它解釋為「順利進入」，但覺得還是解釋為「進入者」比較好。因此「信」是進入佛教中的推動者，是進入者。

接著來看「慧即能度」。「以智慧進入」的「度」沒有三點水，但和有三點水的動詞「渡」相同，和計算幾次的數量詞不同。因此所謂「能度」是進入的力量，是可完全渡過的力量。我們可以將其理解為信仰是入口，而智慧是完全渡過的力量。

若改以現在的邏輯學用語來說，佛教是非常廣闊的海，信仰是進入佛教的必要條件，是入口，而智慧則是滿足它的充分條件。以信仰開始，以智慧滿足，一般是這樣解釋。而我的同伴中也有很多人這樣解釋。

能所不二

既然談到了現在的佛教，但我還是想說如果佛教只有這些東西，那它終究會滅亡。因此必須更進一步來思考佛教。而這要從「能所不二」開始。

若要談必要條件或充分的條件，那我一定是說到一半就得說「對不起，演講時間已經到了，再見」，所以我寧願各位都能完全理解。這樣說雖很抱歉，但近代人的思考都已受形式論理學及辨證法所限制。大致上一般人只要利用形式論理學或辨證法，在日常生活和思索生活上都不會產生不便。因此現在大學教育的特色就是這兩者。

但佛教不能直接套用這兩個，而上述例子中也絕對不符合「不二」。

所謂不二並不是兩個。雖說「而二不二」，但不二與而二必須同時滿足，若是個別提出，就只是不二或而二。佛教絕對不說不二或而二。是不二、而二，是二而、不二。是二而不二。或說是不二而二。這種不二而二、二而不二就是「妙」。《妙法蓮華經》的「妙」就是這個意思。因此若說不二是而二，二而是不二，分成兩個，就不會產生佛教。

我不了解其他宗教怎麼樣，但只要神的愛是不變的愛，就什麼都一樣。就這點來說，希望各位能了解信是能入，慧是能度，而不要以二元論來解釋。

被分成兩個來看的身體與心，我與他人，所有的二元論式的解釋都以二元論來結束二元論。但佛教就不是如此。因此我把這個《大智度論》的句子放到最前面來說。信是能入，慧是能度。接著看「能」與「所」。「能」是能入，是必要的條件。所謂「所」是接受並持續至後來，因此是充分條件。若把這兩個分開來想，則所有的東西都會變成二元論。

我不懂社會學，但在探討現今的社會時，第一個問題就是這個二元論。二元論用在思考時非常便利。就整理的意思來說是權宜。所謂整理就是依據事實整理，而只就自己的理解來說則是權宜的。那麼二元論會如何妨礙我們的根本理解呢？能與所的二元論或是以二元對立而產生的客觀性、科學性造就出歐洲的科學、醫學是事實。但將人體與植物、礦物同一視之而「科學地」處理的西歐醫學現在已產生大問題也是事實。在佛教中，這個能與所是兩個，也不是兩個。應該是前述的「能所不二」。

雖說是「醫療與宗教」，若也以二元論結束，那就只要將兩方面的專家集合起來即可。但就因為不如此做，才集合所有宗教、所有科學方面的人一起開會。而我所期待的也就是這個。如果不這樣做，今後的社會只會以分工來解決一切。如果要這樣做，則還需要一些時間來倡導。我覺得現今的社會正走到這樣的岔口。

慈悲與捨

剛才也有稍微談到「慈悲」，但我想再多談一些這個佛教中最重要的語彙。所謂「慈」

是剛才所說的對誰都能有愛情。所謂「悲」是若看到什麼令人悲傷的事，就會發出呻吟聲的惻隱之情。反過來說，「慈」就是若看見誰有值得高興的事，就會自然地發出喜悅之聲。

以世界觀來說，任何人都擁有朋友這種「慈」，只要積極地發揮，就會成為「慈」。若消極地運用，就會成為「悲」。因此將它放到心裡並實踐、行動時，就要拋開我執，對誰都盡心盡力，這就是「捨」。我不懂世上一般通用的論理學、倫理學，但不論是這種倫理學或論理學、心理學、哲學等，都沒有將「捨」的倫理放在最前面。相反地，丟棄它反而成為積極的人該走的路。

我也不懂各種新宗教，但還知道立正佼成會的人士在埼玉縣提倡「無輕拋運動」。所謂「無輕拋運動」是停止輕易地拋棄。它的成立是基於停止拋棄自己不需要的東西以及拋棄對自己重要的東西這兩方面，關於這一點我非常佩服。有些男人抽菸並將抽完的煙從車上丟掉。丟棄自己不要的東西是理所當然的事，但這樣會污染社會環境，所以要停止。與其做這樣的事，寧願丟棄自己需要的東西。例如放棄自己還想吃的食物的「一餐運動」。所謂一餐運動就是一天少吃一餐而把它送到非洲等地。若一天少吃一餐會覺得肚子餓，也可以選擇一週一餐或一月一餐不吃。

這個「捨」是出自印度的詞，稱為烏配枯下(upeksā)。烏配枯下是丟棄拘泥的意思，但並不是拋棄不管。將「捨棄」這個易導致誤解的詞說成一種重大的倫理是很偉大的事。這是中國也沒有的，是印度人特有的偉大、倫理性的思想。這種丟棄成為一個偉大倫理，而「慈」和「捨」的結合使作為其方法論的「悲」與「喜」產生。

關於「喜」

特別難的就是這個「喜」。這個不太能做得到。思考醫療與宗教問題的各位先生一定會比世人先思考今後人類應有的狀態及心與身應有的狀態。這時請各位一定要思考這個「喜」。若是為自己高興，應該使用別的語彙。但若是為別人高興，則說姆地塔(mudita)。為自己高興絕不可以說是姆地塔。為別人的好事高興以及剛才所說的「悲」，也就是一起為別人的痛苦悲傷，這都是世人不太能做到的事。

人自出生開始，在生理上就像只有自己一樣。各位可以立刻，若立刻太難，也可以在回家後試試看。我們都只能自己感受「悲」與「喜」。若捏自己一下，痛的只有自己，若捏鄰座的人，則是怎麼捏也毫不在乎吧。人就是這樣。

痛倒是還懂得，但最不懂又最難的是接下來要談的「喜」——姆地塔。我曾查印度語字典及梵語字典，不知道為什麼上面寫了一堆奇怪的說明。由此可見它真的很難。

喜是當別人、朋友高興時，自己也覺得高興。我覺得這真的很難，舉一個我個人的例子來說，當我聽到我的朋友在秋天領到恩賜獎時，心裡總是無法平靜。本來是在大聲唱歌，刷牙，但當聽到某某先生領恩賜獎時，之前的好心情便不知道跑到哪裡去並且開始發火。甚至還認為這裡面一定有內情。其實如果他領的是和自己完全無關的諾貝爾獎，心情就會比較輕鬆。因為諾貝爾獎不是人文科學方面的獎。但恩賜獎是每到秋天就令人開始焦慮的、在意的獎項，因此會有這種感覺。看看現在，雖然認為應該是自己領這個獎，但就是輪不到我身上。即使只是做這樣的忍耐也是在做佛教的修行吧。

這樣就是姆地塔，這真的是很難。釋迦佛非常清楚這個「悲」與「喜」。對別人悲傷的事覺得同情和對別人喜悅的事同樣感到高興，釋迦佛不停地強調只有這個才是困難的修行。為什麼生而為王子的人能如此了解人心呢？我認為耶穌和釋迦佛都經常觀察人。但釋迦佛的說法似乎更難做到。因此，從前一高的宿舍歌中說「朋友為我的喜而舞，朋友為我的悲而泣」，但事實上應該是相反吧。那歌詞只是一種追求的目標，事實上應該是「朋友為我的喜而泣，朋友為我的悲而舞」。其他還有很多這種諺語，相信比我年長的人都很清楚。例如「哎呀，真高興！鄰居的倉庫賣掉了」，這就是一句很有名的話，不論拿到哪裡都很有說服力。

雖然有許多這類令人討厭的話，但那些卻也成為這裡所說的佛教中慈悲的根據。若說慈悲為何，那就是佛心。若各位對沒有出席今天這個會議的人說，金剛說慈悲等於佛心，他們只是單純地聽到這句話。但其實我說的「佛心」有很大的意義。若做消極的定義，則說若不是佛，就不太能擁有這種心。如果說凡夫沒有慈悲就完了，但是這裡是說凡夫不太能擁有，所以慈悲就等於是佛心。接著談是否能為朋友的好事高興。能為朋友的悲傷而悲傷並安慰他，這是感覺很好的事。說「算了，別哭了」，這不是做不到的事。接下來舉的例子可能會令在場的女士感到不高興，在這裡先說聲抱歉。如果女人被邀請參加朋友的婚禮，當她正在想朋友的新郎是怎樣的人時，若出現的是不太英俊的人，據說她就會很放心。總而言之，為好朋友高興還是很難的事。

無緣之慈

所謂佛心，只要心中有我就絕不可能產生。因此佛心就是無我心。若要發揮慈悲，只要心中有我就做不到。對比自己優秀的人，很難主動去打招呼。稱讚是最難的事，安慰則容易的多。現在在美國出版的心理學書籍也都寫這些東西。據說安慰的感覺是好的，而稱讚、喜悅、祝福等實際上是令人痛苦的。

有一句話說「佛心就是大慈悲心」。這是《無量壽經》中的話。《無量壽經》是寫法藏菩薩、無量壽如來，也就是阿彌陀佛的一部經書。其中說會將阿彌陀佛稱為佛的原因是，不論是誰的事，他也將它當成自己的事一樣喜悅、悲傷。這句話的下一句是「以無緣之慈攝諸眾生」，我從以前就很佩服這句話。基督教中或許也有很多相同的話，但都不如這句話吸引我。在此請各位一定要記得「無緣之慈」這句話。

所謂無緣是指和自己的緣沒有聯繫的人，也就是沒有關係的意思。對這個沒有關係的人懷有慈愛之心就是佛心。任何人與自己人都有緣，都能有慈悲心。但若能對無緣者有慈愛的心，對其他人，也就是眾生能有慈愛的心，這就是佛心。眾生是很簡單的詞。現在雖然已比較少用，但「眾」就是表示複數，名詞「生」是生物的意思，表示很多的生物。我的中國話雖不如英語和德語好，但我知道這個詞以這樣的形式表示複數，而在傳到日本後，也一字不改地留在日本。總之，談到眾生就是指生物。生物的數量是無數的，因此說是眾生。眾生雖無法一一結緣，但眾生還是可以與所有眾生結緣，並對所有眾生抱持朋友的心情，所以說是無緣之慈。

我講的內容雖然沒有做歸納，但我想請各位將這《無量壽經》中的「無緣之慈」這句話當成今天的結論。基督教中或許也有相同的話吧。

大慈大悲

接著談與上面同樣的東西，我再舉幾句類似的話。「將大慈大悲稱為佛性」。這是《涅盤經》中的話。另外還有「慈即如來，如來即慈」。這個「大」字，一般是做形容詞。在這種古典語，特別是宗教的古典語中，若使用形容詞，這個形容詞會比其做為名詞時有更多的意思。日蓮曾說「形容詞是名詞之敵」。這句話的確是很有趣。因為大量使用形容詞的人，都是對名詞、動詞等有具體內容的詞沒有自信的人。

這一點在看學生的論文時，就可以立刻看出。若文章中寫「對我們來說，最大的目的是……」，這時通常就不會想再看下去。像「最大的」之類的話，只要在結論時說即可，不可以在開頭時就說。最糟的情形就是在辯論大會上說「現今日本的當務之急是……」，而在後來又都只用形容詞，這都會令人不想再繼續聽下去。

宗教書籍中所說的「大慈大悲」和一般的慈悲不同。若將「慈」「悲」「喜」「捨」分開，就成為四種心。擁有人心是佛教的基礎，這是小乘佛教中的話。從阿羅漢的四個心能產生不可估量的偉大之心，因此說「四無量心」。去南方也可以立即聽到這句話。南方的人們甚至將這個「四無量心」放入日常倫理中，並努力地實行。

那個和現在所說的《涅盤經》是大乘佛教的《涅盤經》，因此在上面加上「大」。「大慈大悲」和普通的慈悲不同。哪裡不同呢？就是「怨愛不二」。「怨」是怨恨，「愛」是喜愛。如果沒有怨與愛的分別而發揮慈悲心，這就是「大慈大悲」。談到這裡，其實菩薩也有佛教學上的根據。若完全隨著感情走，就不能說是佛的愛、神的愛。這說法或許和其他的宗教相同，而佛教也完全一樣。「怨」與「愛」不會被放在對立的位置。

有一個問題我經常拿來做例子，也曾在某篇報告上寫過，是第二次大戰時的事。這問題是說，有一條大河，有一個日本人逃到這條大河邊。而在他要渡過這條大河前，後面的敵兵已經逼近。這時只要自己將唯一剩下的食物放進口中，確保最低必要的卡路里，這樣就可以有力氣游到對岸同伴的地方，這時——這只是一個假設，當自己正要吃下最後的食物時，來了另一個日本兵。那麼各位會怎麼做呢？

作法大概有很多種，但至少有四種可能性。第一是自己吃掉，然後渡河。這是正數。第二是說，因為自己已經活了這麼大歲數，就把食物給年輕的士兵。這個是負數。第三是在心裡想，或許兩個人都會在中途死掉，所以將食物分給他一半。這是正數負數。第四是屬於論理上，實際上不會有的。那就是認為因為有食物才感到迷惑，所以就把它投入河中。

這四個可能性不只是發生在這次的戰爭，只要人站在生死的岔路上都會面臨同樣的情形。

就像ＮＨＫ電視臺播出的關於中亞佛教徒的節目一樣，請各位想想他們的今昔差異。那裡是一個人可以因一杯水而生，因一杯水而死的地方。在這個地方，因為佛教徒一直被佛教導「給他水、給他水」，於是最後就滅亡了。

照這樣來看，與其問各位在那個地方會如何做，不如先加上感情的因素後，再問各位會如何做。

假設來的是自己非常喜歡的人的兒子，我就會分給他。但若是自己要就職時，一直到最後都明的暗的妨害我的人的兒子，我就無法分給他。我想我會自己全部吃光而不分給他。

在這種情況，關於所謂感情的因素，不論是現今的宗教及哲學都幾乎沒有答案。即使在這個會議上，若我老實地提出這個問題，不論是多麼紳士淑女的人，到最後仍無法解決的問題就是感情。如果是喜歡的人會如何做，如果是討厭的人會如何做。這個問題在正式場合恐怕很難提出。但實際上就是如此。就像對人來說最重要的結婚，和討厭的人結婚是絕不可能的事。那種感情也會在這裡出現。所謂「大慈大悲」，實際上就是超越一切感情要素的慈悲。

無蓋的大悲

佛典上說，能實行大慈大悲的人不是人，如果仔細思考，就可以清楚、了解它的意義。

我認為應該以否定法來表現「慈即如來」。這句話是說，能實行真正的慈悲的不是人。若說慈是如來，或許就能做到，但人很難達到這種超越感情的慈悲。

以大學中人際關係的例子來說，當自己被大學聘用時，就有人說「讓那種人當教授真糟糕」，至於是誰說了這句話，到最後一定會傳到我的耳中。聽到這句話後，如果後來那個人的兒子要來當助手，即使知道他能做的很好，要我贊成也是很難的事。即使不知道那個人的學力，只要腦中浮現他父親的臉，我就不會贊成。人類真的是很差勁，不直接說「我討厭這個人」，而只說「還有一點問題」。會這樣做的就是人，不說這種話的就是如來。

「慈即如來，如來即慈」，這句話同語反覆——看起來好像是贅言，但並不是這樣。這裡所說的「慈」是上面所談的內容，接著要回到現實來看這個問題。「慈即如來」是定言，是所謂的哲學命題。而「如來即慈」是它的實行——應用。只有這樣，教化才會產生。這種說法和《般若心經》的「色即是空，空即是色」是相同的。在佛教中一定會出定言，說應用。

這個演講好像變成在講授佛教學，但我還是要繼續談「如來以無蓋大悲哀三界」這句話。在這裡，我希望各位能了解「無蓋大悲」中的「無蓋」這個詞。所謂「無蓋」是不因煩惱、感情而費心。「無蓋」是指沒有覆蓋的東西，也就是我現在要談的自己的利害、得失、感情。我想大聲地對各位說，如果去除這些，人就到達完美的境界了。我現在所說的或許是忠言逆耳，但實際上確實已到該正視這個問題的地步。我們最後所要達到的就是「無蓋」。若概略地談「無蓋」，就是感情與利害的問題。

即使看最近美國人陸續出版的心理學書籍，到底人情與利害哪個算是大問題，相信各位一定早就有答案了。利害是不論多少都可以超越的，可以計算、可以預測、也可以妥協；而對它毫無辦法的就是感情。因此希望各位將「無蓋」理解成情上的無蓋。據說理性的理是可以超越的，而情感的危害是無法超越的。我想問題最後的癥結就是在那裡。

二、供養的實踐

若要實踐供養的精神，那麼該如何做？若以一句話來回答，就是反覆去做。這對近代人來說是困難的事。反覆地去做，也就是訓練。也就是說，對討厭的人也可以為他做些什麼。若追究到底，能否為討厭的人做事就是問題所在。醫療與宗教的「接受、給予器官」這件事，不論是在理性上或醫學上，我認為都有討論的餘地，相反地說就是或許不會有答案。但最後的問題還是在於是否能夠超越愛憎、好惡之念，而將支持自己生命的器官捐出。

三輪清淨

借佛教的話來進行討論。首先是「三輪清淨」。三個東西形成輪的樣子，而只要這三個東西像輪一樣銜接在一起運作，這就是清淨。其實光看「清」這個字也能明白，是三點水加上青。水不混濁，總是青色地流動就叫「清」。

「淨」在現在的語源解釋中已經變難。水不停留在一個地方，常常起泡、流動，因此就用「爭」而成為「淨」。若停留在一個地方，就不會清淨。中國人這樣解釋「清淨」。而佛教徒就把它拿來說「三輪清淨」。

何謂「三輪」？是施者、受者、供物。施給供物的人為施者，接受的對象不論是佛或個人都是受者，而奉獻的東西就是供物。行布施的立場——以現在的話來說是推動者、是施者；接受的人——以現在的話來說是被動者、受者；介於中間的東西是媒介，因此稱為供物。

若在心裡想說我現在正在做這樣的好事，在佛教中就稱為施者的驕傲——增上慢。也有因為接受而變得卑屈的人，這就是受者的卑下。在中間的是供物，以說話為例，若說話的人傲慢，就會變成施者的驕傲。而接受的人則因為被說了那樣的話，只能說沒辦法而變卑屈，如此受者的供物就成為卑屈。即使在今天，這個討論也十分重要。

我不說那個會的名稱，總之就是某個有力的宗教團體就曾因這個三輪清淨而爭執過。在我們的宗教中，會長先生也說決不像其他的宗教一樣從信徒處收取布施。那麼該如何維生呢？這就要靠版稅或演講費。但不論版稅或演講費都是從信徒處獲得，而前一陣子還想辦法成立出版社，說難聽一些，這不是很吊詭嗎？說不收取布施這種話真的是很奇怪。

我也常常想，因為我任教於私立大學，而學生繳納的學費就成為我們的薪水。但我對學生從來也沒卑屈過，因為若發生一次就沒完沒了。當學生運動興盛時，從沒有學生對我說過這樣的話。若學生說「老師們是靠什麼生活？還不就是我們的學費」，這時只要回答「你們能說這些自大的話，難道不是靠我們的授課」就可以堵住學生的口，但是不可以讓他們說這樣的話，自己更不可以說，也不可以聽。三方，也就是三輪清淨。又不是重要的學費，卻裝的很了不起，真是豈有此理。必須要有斥責「想白聽課的人才是不好的」的決心。

施者、受者、供物應該要三輪清淨，如果將重點擺在三個中的任何一個，就會變成三輪不淨。因為這三個在轉動，因而三輪清淨。例如廟公、神官或基督教的牧師、神父等神職人員，信徒幫忙他們是信徒的義務，同樣地，為信徒說法、作法事、指導等，則是神職人員的義務。如果信徒有不好的地方，不找出對應方法而偷懶的神職人員是不好的，但如果有設法解決就可以了，不可要求該做到如何完美。誠如釋迦佛所說，也不過就是耕田或耕心的區別罷了。

安藤昌益

我無法完全贊同江戶時代的安藤昌益，但並不是說我不了解這個人說的話。安藤昌益倡導直耕，研究昌益的專家哈佛得・諾曼就強調這個直耕。其著作《被遺忘的思想家——安藤昌益》在岩波新書中被分為兩冊，各位可以看看，看完之後會發現他提到很多東西。

直接耕作而種出東西就是直耕。以現在的話來說是屬於第一次產業。昌益認為像加工業、流通業、服務業等都不好。但農民是好的，漁民是好的；因為他們生產讓社會運作的東西，所以是好的。之後他也談到什麼是不好的；武士是不好的，神官是不好的，僧侶是不好的，商人是不好的，所有二、三次產業的人都是不好的。但在那之中也有好的，那就是醫師。當我覺得奇怪時，才發現他自己是醫生。

這不公平。若這樣說，則社會的進步會倒退，全部回到原始的生活。我不贊同這樣的論調。現在一方面雖有這樣的論調，但釋迦佛不這麼說，即使是耶穌也不會這樣說。所謂三輪清淨就是只要努力去做就可以。

慈悲——捨身

何謂慈悲？我們又要重複這個問題。誠如我的恩師，中村元先生在他的名著《慈悲》中所言，所謂慈悲是實行中出現的「空」，也就是說空是慈悲的根據。只要被自己所束縛，慈悲就不會出現。若要實行慈悲，就要盡量拋開自我。這也是我的看法之一。剛才我用了「無緣的大悲」這句話，若要將這無緣的大悲付諸實行，就要「捨身」，也就是拋棄身體。我想這就是佛教與器官移植有連繫的根據。

對自己功德的否定就是捨身。只要想到要如何回報給自己，就決不是無緣。無緣的相反是有緣。所謂有緣就是和自己有關係。只要和自己有關係，任何人都能擁有深深的慈悲。關於這一點即使我不舉例也可以從日常生活中看到許多例子。

例如經常被當成問題討論的教育媽媽，如果教育媽媽對別人的孩子也是如此教育的話，那麼新聞媒體也不會用那麼無情的說法了。正因為從哪裡嗅出自私的味道，敏感的新聞媒體才會將其稱為教育媽媽。我認為新聞界人士會將其稱為教育媽媽，除了害怕得罪媽媽族外，還是無法忍受教育媽媽可笑的自私。我也從二、三個新聞界的朋友聽到有關於這些事。當這個無緣太過無緣時，對於現今母親們的精神態度，連新聞界也會覺得反感。

《賢愚經》的神話

在談了這些之後，再從佛典中舉幾個例子來看看。第一個是「慈力王本生」。

在我的恩師增谷文雄先生的《賢愚經》課程中，其開頭的第一句話是這樣的：「想以舉一個問題開始。人賢好呢，還是愚好呢？與其回答這個問題，大概會先笑這個問題很笨吧」——《大法輪》中也有這句話。而將這句話作為《賢愚經》的本質，以近百個例子來討論對人來說賢為何，愚為何的就是《賢愚經》。

這雖然是傳到日本、中國、西藏、蒙古等地的大乘經典，但也傳到中亞的龜茲。那裡有一個叫做庫車的地方，那裡洞窟中的寺院遺留著壁畫，有一位叫做路・科谷的德國人——路・科谷感覺上像法國人，但他是德國人，他是個男爵。這位先生所收集的壁畫現在放在柏林博物館中，我去參觀時看到慈力王的故事。

有一個實行善政的國王叫做慈力王。由於慈力王大力推行善政而使得國境內沒有壞人。因為沒有壞人，使得吃壞人死後的屍體以維持自己生命的夜叉——鬼，沒有食物可吃。當慈力王知道這些夜叉的困境後，由於他認為慈悲就是生命的意義，慈悲就是力量，所以他將身上的五個地方——胸與兩足、兩手——弄受傷流血，然後將血給夜叉們。

由於王修十善，百姓也行十善，因為這功德而使得夜叉無法取得壞人並挨餓。這就是在中亞克孜爾石窟的國王故事壁畫中有名的「慈力」，即使在今天的中國也非常重要地留存下來。

另外還有一個「銀色女本生」。所謂銀色女就如同字面所示，是個身體閃著銀色光輝的女性。本生是相對於今生的詞。所謂今生就是出生於現在並活在現在。相對於此，所謂本生就是出生之前本來的社會；因此也稱為前生。若談到前世，在「大正大藏經」這個佛教百科全書中的一七九號有《銀色女經》這部經典。同樣是在中亞的龜茲地方克孜爾石窟的壁畫。這不是路・科谷發現的，而是記載在德國人古林・偉滴路所寫的《中亞佛教藝術》中的第一二五畫。

這個故事是說銀色女將自己的乳房切下，並將它給沒有奶汁餵小孩的貧窮婦女。而當小孩要吃奶時，那個飢餓的婦女就可以有奶汁。

三、被供養者

接著來想一下被供養者的問題。相對於剛才所說的說法，可說是方法或是目的物，這相當重要。這可能是今天的最大問題。器官移植經常有強者需要器官而弱者提供器官的情形。就這一點來說，在各個地方都會造成問題。

好像是去年吧，我在放暑假前到美國的某大學講課，當時受到東京大學醫學部諸位先生的邀請而有幸參加器官移植座談會。那是一個認真的，讓人感覺很好的會議。或許各位也從我剛才的發言發現，那些先生雖然在政治上的意見和我正好相反，但我覺得他們能讓我在毫不在意的情形下發言。那是他們對接受器官移植的人會受到社會勢力的影響而抱持的正義感，關於這點我也完全有同感。

這件事我也曾經談過，器官移植實際上有實行的是心臟移植。日本北方的某個大學老師做了這個手術。那時接受者與授予者都是在社會上幾乎沒有地位高低之分的青年。捐贈者是大學生，被移植者是勤勞的青年。若情況反過來，或許我會有些拘泥，或許沒有。其結果誠如各位記憶中的一樣，最後還是失敗。但這件事卻有它先驅上的意義。但由於我不是醫學者，所以也不便說什麼。

但以這為主題，在日本電視臺曾錄製四人座談會，與會的四人有研究佛教學的我，我最尊敬的宗教者、臨濟宗的高僧、研究佛教實踐的大森曹玄先生、醫師杉靖三郎博士以及醫事評論家的大渡順二先生。錄影時還不知道手術結果，社會上都讚揚施行手術的這位先生，但在錄影結束後——播送之前，那個青年便已死亡。

因此電視臺的人就打電話到我們那裡並詢問是否應該播出。我不知道其他先生如何回答，但我說「不論事情是否成功，因為已經陳述了意見，希望一定要播出。但由於錄影後手術失敗，希望加上祈冥福的字幕」。不過最後有無播出，在座者應該有人知道。這成為一個重大事件，之後一直沒有再施行心臟移植，但最近在各處又有再施行的動向。

雖然我也受雜誌、演講會、電視臺等的邀請，但以我們研究佛教的人來說，不論成敗地思考是我們的任務。雖然還沒有和基督教、神道的先生一起討論過，但有幾次在雜誌社或其他地方遇到。問他們的意見時，覺得最後還是留下基本的問題。

受供養的心

最後要談的是「受供養的心」。首先來談誰值得供養。雖說「人之將死，其言也善」，但這只是孔子的願望，大概沒有人在死時說的都是好事吧。有很多人在死時說殘酷的話。如此一來，便可以思考是否有值得或不值得供養的人。

新聞報導有各種事件，現在的讀者或許不會再有區別執政黨與在野黨的意識，但從前的讀者則會。某位新聞學的知名教授說現在的新聞已經沒有執政黨與在野黨。因為若有六〇〇萬或五〇〇萬的讀者，報社就只能刊登中立意見的新聞。我也這樣認為。那麼討論這種問題時，接受心臟移植或其他器官移植的人到底是誰？關於這點先來看看下面的內容。

已經逐漸接近問題核心了。若要從佛教中求答案，值得從別人那裡接受所有供養的人稱為「應供」。應供就如字面所示，是指應該供養的。如我一直所述，不論是奉獻給人心臟或任何東西，這些都叫供養。不能由於是心臟或腎臟，就認為是重要的供養。

如我剛才所舉的例子，走到河川邊，若渡過河就能到友軍的地方。但渡河時必須的能量是唯一的一個飯糰，這時便有吃或不吃、分食或丟棄等四個可能性。但令這個方程式更複雜的就是這裡是否伴有感情、利害關係。利害關係雖可以捨棄，感情卻無法捨棄。或許有人對我這老實的說法感到不快，但以普通人來說，若氣息微弱的年輕士兵是不認識的人，說出「你走開」這句話是很容易的事。不論文明如何進步，若來的人是令自己的一生亂七八糟的人的孩子，是否能說他和普通人都是一樣的呢？

佛能說，菩薩能說。經典上有寫，這種人就是菩薩，就是佛。若怨恨很深或有怨恨或許還能說明，不過就是丟棄怨恨。若是從心裡討厭的人的孩子又如何呢？這個問題不論是資本主義或共產主義的社會，無法接觸到的地方——內心，都有現代的偽善。

在中世，有把這種問題拿到臺面上談。在這個會議上，舉這種例子或許會有人生氣。我雖然和音樂無緣，但曾看過音樂電影「阿瑪迪斯」。阿瑪迪斯就是阿瑪迪斯・莫札特。這是一部描述阿瑪迪斯・莫札特被義大利一位叫做思立埃立的古典作曲家嫉妒並遭陷害的電影。我非常感佩製作這部電影的美國良心。

希望蘇聯也可以描寫這種關於人的名譽心或憎惡。因此關於這點，若我有機會去蘇聯，一定要研究共產主義者的嫉妒心。蘇聯人喜歡勳章吧。將勳章別在西裝上的只有蘇聯。若電視上能拍出後背，大概也是別的滿滿的吧。真想知道這個祕密。

嫉妒心的克服

供養——原語是阿嚕哈組(arhat)，對這個原語，中國人有各種翻譯。玄奘三藏說應該供養，而翻譯成「應供」。之前的古（舊）譯說是「殺賊」。這如字面所示，就是說殺心中的賊。心中的賊雖也有各種註釋，但最大的賊便是嫉妒心。看最近美國出版的心理學書籍，書中也說對人來說最大的、最後還殘存的敵人是嫉妒心。雖說是名譽心，又好像不是這樣。所謂名譽心是自己在某種程度可以控制。但在這可控制的地方，若朋友有什麼好事，立刻就會起嫉妒心。這是無法消除的。

但若將這想成是婦人特有的嫉妒心就是很大的錯誤。女士們對這點可以放心。由於造嫉妒這個詞的是男人，所以將兩個字都加女字旁，若女人在最初也參與製造漢字的行列，一定會加上男字旁。將這男人的嫉妒心逐漸提出探討的是松本清張。雖然沒有讀松本清張現在寫的書，但從前的松本清張寫男人間的嫉妒心之苦可說是很好的主題。柴田勝家滿臉鬍子，他因嫉妒豐臣秀吉而遭殺身的描寫部份非常好。若在大學工作，這種事情可說不缺題材，真的是一針見血。

這裡所說的「賊」，我絕對認為是嫉妒心。若是女人我就不知道，但男人最後的苦一定是嫉妒心，最後的喜則是嫉妒心的克服。我看前幾天從美國寄來的心理學雜誌，上面寫道不論是任何男人，若能校閱一萬人的正規軍隊，心裡一定想說能出生真好。而這是無關政治的意識形態。我覺得這真是名言。

前幾天看電視，不知道節目的名字，女總統對一位叛亂的菲律賓陸軍中將說「將你從中將升為大將」，他就露出很高興的表情。所以意識形態並非那麼重要。我的朋友曾說在較高尚的演講時不要舉淺顯的例子，但即使是各位，說自己想到的例子會覺得可恥嗎？我覺得我說我知道這樣的例子一點也不可恥。

這個殺賊的「賊」，是心中的賊，是最大的嫉妒心。共產主義國家的嫉妒心是最大的學問課題，但還沒有人談這個問題。對無慾望心的人盡心盡力稱為應供。另外再舉一個例子——

今天特地準備了釋迦佛的前世故事。所謂本生就是今生的前一世的故事，也可稱為前世。「善目王本生」——梵語稱為「酥乃偷拉本生」。「乃偷拉」是眼珠，「酥」是良心，因此將「酥乃偷拉」翻譯為善目。

「某國的國王酥乃偷拉有十分清澈的眼睛。他以很深的慈悲心行布施，行仁政。王的名聲傳遍四鄰，國勢日漸上揚。屬國的小王起惡心，為了削減王的勢力而遣一盲人婆羅門去求取王的眼睛。王……」，接下來的比較重要。「王雖知道小王的惡心，還是將兩眼挖下給他。」最重要的部份就是「雖知道惡心」。

我曾說佛教是智慧的宗教。但是再想一想，慈悲和般若相同，或是說慈悲和般若是交替進行的，不能說只是其中的一個。但若那智慧是普通世間的智慧，慈悲便優於般若與智慧。因此慈悲大於小智。在座的各位有各方面的專業人士，若有想到什麼，請告訴我。

在我們學校有一位有名的研究民間故事的大島建彥先生，他經常出現在ＮＨＫ等電視。我和他不太熟，但若讀這位先生的書可以看到各種民間故事，在那之中有描寫惡男做好事而受國王讚美的故事。由於國王經過，某個孝順的兒子說「雖然不體面」，還是背著母親到國王通過的地方行禮，國王就說「孝順的兒子」，並賞賜他一些獎品。知道這件事的不孝順的惡子就在那一天背著母親到道上。於是國王就問「那是什麼」。大臣便說「那本來是不孝順的人，聽說可以得到獎勵才這樣做」。聽完後國王說「模仿的也沒關係」，於是給他獎賞。讀到這個故事，我立刻想到善目王的故事。不知各位覺得如何。

最後的布施

若從這裡做一個小小的結論，我們可以做的布施有很多。唯一不能做的布施是生命。這個就叫做捨身。在談捨身之前，所謂可以給予的，生命的構成要素應該有幾個。在造成生命的東西中，比較容易說的應該是手、足或是目、耳等，這在佛典中的記載超乎各位的想像。

布施的最後是身體。因此我想說器官等於最後的布施。現在成為問題的也是這個。真的感到不可思議。

關於這個問題還有另外一點，那就是NHK在前一陣子陸續製播的中亞佛教徒的遺跡。由於我們對語言已經麻痺，因此會毫不在乎地使用遺跡這個詞。但遺跡真的是一個很可怕的詞。過去興盛的東西完全消失，只留下痕跡的才稱為遺跡。我想中亞是人類生活最困難的地方。若那個困苦的地方還是一樣困苦，但現在已經沒有人再住，這就只有物理上的意義。

但如同NHK電視的充分介紹，人類盡可能地要留在這裡生活。而且想留下來的並不是只有讓自己留下來。如同所見，盡可能讓所有人都活下來，最好是將水給別人而自己也能活著。但這也是不可能的。佛教在這個地區興盛是在西元後的二—三世紀左右，但七世紀時已滅亡。研究東洋史的學者們說這是因為七世紀時控制中亞的維吾爾人成為回教徒。維吾爾寫成「回鶻」，但這是因為成為回教徒才寫成「回鶻」。現在也將中國的回教徒寫成「回回」。

為什麼這個地方的佛教會滅亡呢？學者說因為居民都成為回教徒。雖然回教徒的確不容許其他的宗教共存，但我認為絕不只是這個原因。我也是研究宗教的人，我認為是七世紀後中國成立絕對王朝而不讓中亞為所欲為，於是中亞便相對地變弱。而生活在這裡的回教徒就只能從自己回教徒中派出犧牲者。那就是現在的中亞吧。如同各位在電視上所見，回教徒變成只能進入中國或者蘇聯。請各位在這裡想想回教徒的這種形勢。

最初受供養者

關於中亞的迫切形勢最後再談，現在請各位一起感覺若是日本將會變成如何。若考慮被供養者的心，最先要考慮的就是接受供養者是怎麼樣的人。或許非常極端，但我有兩個想法。一個是劣等者，特別是力量劣等者。但這並不是一般情況，而是在中亞。也就是informity。雖然用不著以英語來說，但因為這個詞很難，所以才這樣說。構成informity的是中間的form這個詞，這是形的意思。加上in就是缺少的意思，ity是將其做成為抽象名詞的語尾。informity不是好詞，是沒有圓滿，沒有十全十美的意思。因此就是指盲者、貧窮者、畜牲、夜叉等。

接下來談力量大者——divine being（神）、聖者……。所謂divine從語源來說，是超越日常性的東西。佛、菩薩、天是無條件接受供養者。對佛的供養，對菩薩的供養，對天的供養。這裡先簡單地說，希望各位待會再思考一下。對作為給我們力量的力量強大者，是以祈願其照看我們的心情供養。但另外也有可憐者的供養。這就是上述的盲者、貧窮者、畜牲、夜叉。

而不接受供養者——以英語來說是ordinary being（平凡者）。普通者，就是人類中的富者、賢者、長者——所謂長者是長於一切的人。富與賢合起來的人稱為長者。在各種宗教中都說這種人不接受供養。以日本的宗教來說，初期的天理教曾遭受幾次的迫害，但連天理教也是這麼說。

天理教的祖師說，在最初的布施對象中需將「學者、富有者往後挪」。由於學者只會說道理並擅長為自己辯護，這種人可以往後挪。富有者也是如此。以金錢的力量可以解決大部份的事情，不能解決的只有幾件。因此擁有智慧和金錢的人，神將他往後挪。初期的天理教有很多有社會地位的人，因此即使將學者、富有者往後挪，還是有很多人覺得不是滋味，就是這個道理。

雖稱為最後的供養，但最後的供養同時也是最初的供養。神、佛最初授與我們的是不受任何東西束縛的空的供養。然後則是無力的供養。接著來談「供養無力用」。「力」是指自己能發揮的力。而力會影響至其他則稱為「用」。因此在「力用」的下面，加上「自」與「他」後，意思會變得較正確。

供養無力用

可以蓄存於自己體內並拿出的東西稱為「力」。若發揮力而影響第三者，則稱為「用」。雖說供養無力用，但若問是否真的沒有，當然還是有。如果某些人有，就一定會有影響——effect。但若從最初來思考，就絕對是無力用。這從普通心理學來想也可以了解。真正的情侶不會思考力用。何謂真正的戀愛？只有像西拉儂一樣，為了顧全對方而當不公開的戀人，這才是真正的戀情。戀愛都是如此了，更遑論對佛無力用。若在心裡想，這樣的供養對自己將有什麼回報，這就不算是供養。若非如此，將捨身稱為最高供養的說法也就無法成立。

由於已經沒時間，最後想再向各位談一件事。剛才所說的佛的前世故事在梵語中稱為本生(jātaka)。這個jātaka的語源——jan是一個很簡單的詞，意思為生。而它的過去被動分詞是jātaka，因此被生的小孩、被創造者的故事、被生出時的故事都稱為jātaka，也稱為本生或本生傳。在印度故事集《本生傳》中，有一則叫做「撒撒本生」。「撒撒」在巴利語中是兔子的意思，梵語中則稱為「蝦蝦」。這是描述兔子誕生的故事，在《本生傳》中是有名的故事之一。這則故事很早以前就傳到日本，被收入《今昔物語》中。各位可以去看《今昔物語》，也可以看印度故事。兩篇故事的內容幾乎都一樣。

故事是說，兔子、猴子、水獺、狐住在一起。有一天，一個老乞丐走到他們的住處。這個老爺爺說：「我的肚子好餓，你們可以拿食物供養我嗎？」

由於他們都很和善，因此分頭準備食物。猴子回到山裡採果實布施給老爺爺；水獺住在河川，所以從河中抓魚給老爺爺；狐——有的譯本譯為狼，野狐到鎮上的肉店偷拿肉供養。偷來的東西是否可以供養？這在佛教中也是相當大的問題。所謂偷來的就是犯了偷盜戒，因此是小偷。而行布施是六波羅密的美德之一。因此將偷來的東西大方地送給人究竟好不好？這就好像「老鼠和尚」在佛教上是否成立的問題一樣。這真的相當難以回答。一方面當小偷，一方面又行布施，這到底算是什麼呢？但狐就是這樣做。

在四個同伴中，最不知道該如何做的就是兔子。由於兔子是草食動物，即使將自己吃的草給老爺爺也是沒用。因此兔子就對老爺爺說：「請你去撿一些木柴。」當木柴準備好後就點上了火。在印度的故事中，令人感動的句子稱為加塔(garter)，而加塔會被拿來當歌詞。點好火後，兔子就唸了一首短詩：「世上有許多的朋友，而多數的朋友都有力氣。有力氣者可以獻上各種供物。但我沒有力氣。因此我獻上我的身體」，然後跳入火中。

以一般的情況來說，兔子的屍體一定是燒得焦黑，但正想著兔子將要變焦黑的瞬間，老爺爺伸出手叫兔子到他身邊，這時火立刻熄滅，而兔子也變得比原來更白。由於這裡是最令人感動的句子，因此便誦佛偈。老爺爺說「有把身上多餘的東西奉獻出來的人，但沒有人會奉獻自己的身體。奉獻自己的兔子是世上最尊貴者。來世必會成為引導世間的佛」。這種東西就叫做「偈」。

後面的部份也相當有趣。當老爺爺伸出手的瞬間，一直都是很髒的乞丐竟變成有耀眼光芒的帝釋天這位佛教的守護神，當他對世界盡頭的喜瑪拉雅山施力時，就滴下青色的汁。他以手取青汁並在月上描影子，那就變成兔子的樣子。據說我們在月上看見的影子就是釋尊的前世的樣子。這真的是很好的故事。

中國人雖也流傳這個故事，但他們覺得只從中看到宗教很無趣，因此將其說成月中有一位叫做嫦娥的美麗女子的浪漫故事。日本接受這個故事後將其編成《竹取物語》。應該還是因為喜歡有美人才成為這樣的故事吧。但《今昔物語》所採用的則是捨棄自己的身體者，會成為千萬年後也受人仰望的月亮中的姿態。其他還有各種關於月亮的有趣故事。

演講已經進入最後部份。所謂供養——今天我們佛教徒在這樣的故事中看見的供養，是以現在所談的精神方面為主。而所謂布施則指行為方面，但若認為兩者相同也可以——總而言之，關鍵在於是否去實行。因此以行來說布施，其中最偉大的是捨身之行，也就是捨棄自己的身體。布施或是磨練智慧都是為了悟道，但這時的悟道還是伴著自己的身體。只有在捨棄自我身體的中途頓悟，才是《本生傳》的奧祕。

一元論與二元論

如此一來，到底該如何解釋我與人呢？雖曾想過是否該談這個問題，但就像剛才所說的一樣，這個就叫做不二。為二而不是二，若用腦來思考，就是不二的思想，若付諸實行就是不二的修行。若要將其徹底分開，就是西洋哲學中所說的一元論與二元論。若要回溯所謂的一元論，則可以回到拉丁語中的monothe。因此一元論——宇宙的根源有一個就是一元論；有兩個就是二元論。長久以來都這樣說。

但在我們的社會，可以用這樣的分法嗎？以拉丁語來說雖然有它的奧妙，但佛教是使用印度的語言，因此沒有這種說法。有兩個稱為dovaita；雖有兩個但無法分開為兩個的就稱為adovaita。在東洋與西洋的思想中，若到達極限時就可以看出二者的差異。歐洲還是認為是dovaita與adovaita——以他們的語言來說，就是一元論與二元論。我雖必須承認這種思想使西洋在各種學問上都很發達，但可以一直都只靠這個嗎？關於這點我就沒有下結論的能力了。

大家都說在東洋中受歐洲的影響最強的是菲律賓。但在過去的菲律賓動亂中，還是可以感覺出有東洋氣息。我不懂菲律賓人的宗教或哲學。但具體地說，最有不調和感的東洋人就是菲律賓人。另外來看離日本最近的地方，韓國人和我們也是有共通和不同的地方。我這句話完全沒有政治上的意味，而是從宗教上來說。

舉一個具體的例子——為了證明我不是在說我的偏見，韓國與菲律賓在東洋中是特殊的基督教普遍的國家，這就是最好的證據。但請注意我是從好的方面來述說這件事實。因此在他們的想法中，是否還是有某些地方和日本人或中國人不同？或是說雖沒有這種不同，但卻有政治上的因素影響？關於這點我就不太清楚了。演講即將結束，卻還提出這樣的大問題，真是不好意思。我也在上智大學講課，在那裡我覺得最有趣的就是，基督教雖擁有這麼好的內容，不知為何卻不太能被日本人接受。

這句話若引起各位的不快，實在是過意不去，但我只是率直地提出單純的疑問。基督教不但擁有那麼好的內容與這麼長的歷史，在日本也有三次很好的機會。這分別是十六世紀的天主教時代，明治的基督教解禁，終戰時駐軍的獎勵政策。原因該說是日本人的感性呢？還是沒有感情上的熟識？或是理由出在基督教呢？這點我總是想不通。最後所提出的一元論與二元論或許是一個關鍵，但是否正確，我還是不太清楚。

「妙」

以「妙」這個說法來表現或許是日本人的想法，也或者是中國人的想法。所謂「妙」是佛教的慣用形容詞。但古典的形容詞不單以形容詞結束是普通用法，因此其中一定有具體內容。這個「妙」只有在八個相反的東西與兩個相反的東西同時滿足時，佛教才會使用這個「妙」字。

剛才也談到，根據龍樹菩薩的說法，有「不生、不滅、不斷、不常、不一、不異、不來、不去」，這稱做八不。可以同時滿足這八不的教化或生活方式就是「妙」。另外，一而不一，二而不二也是「妙」。若以夫婦的妙來說，雖說是我和妳，妳和我，但這不是理由，若我和妳活著才是「妙」。不知道歐洲人是否也這麼說，但在中國人或日本人的書籍中，可以找到很多關於「妙」的定義。

還沒有回答各位的問題，時間就已經結束。但討論是否可以移植器官就是我今天的結論。在佛教中有「生死一如」的說法。生與死都是一個軀體，雖是說如何處理器官，但只考慮器官的問題卻是毫無意義，而且不成立。只有當我們思考自己該如何生活，人該如何生活時，才能談是否讓別人來使用自己器官的問題。

所謂「平常心是道」，這也是佛語，意思是說只要從日常的生活方式中做結論即可。姑且不論不斷地說只有自己可愛的人是否會移植器官，即使命令他做器官移植也是沒有意義的事。或者以「日日是好日」來看，不是每天持感謝心的人，只有在生病時才拜佛，這也是沒有用。這樣就是「生死不二」，也或許會成為「生死一如」。我並不打算向各位提出定言式的命題。因為我既沒有這種資格也沒有這種想法，只是談談自己私底下的自戒罷了。

其實不論我出甚麼事，我並不打算向別人求取器官。因為我認為當自己的器官不再運作時，這就是自己的死期。但在死期到來前，我會盡量地讓它健康。若有人說，那麼你不如早點寫生涯的書，但我認為寫了也是如此，不能寫了也是如此，並沒有不同。有人說，既然你這樣想，就乾脆把器官給我。此時不知道那個給的人是否還要自發地說「你要活著」。總之我完全沒有說「給我」的念頭。

即使是像釋迦佛那麼偉大的人，當他生病時，也是滿身的血，滿身的糞——不曉得是他死於今天所說的大腸黏膜炎還是瘟疫、赤痢。姑且不論人是否會有不死的時候，總之我非常反對向別人求取器官的生活方式。我不做虎頭蛇尾的、模擬兩可的結論，反對器官移植就是我的結論。雖然贊成和反對的人都很多，但給了我這個機會，所以我就把我的想法說出來。

（東洋大學教授）

死亡的接受與宗教自我的確立

——從佛教的人類像談起

中野東禪

一、難解的宗教概念

我工作的駒澤大學研究室，是一所由教團設立，主要用來培育佈道——類似基督教的傳教——僧侶的專門機構，如何兼顧宗教的哲學研究與實踐面，就是我的職責。

在一邊致力佛學研究，同時培育年輕僧侶的過程中，常常會接觸到「死亡的問題」。可以說這雖然不在我的專攻範圍之內，但卻有不得不為的苦衷。尤其我的工作還另外包括了到各處指導坐禪，有許多面對四方大眾、宣揚教義的機會，再加上實際指導僧侶們如何佈道時的親身體驗，都使我意識到「死的問題」是無法迴避的課題，所以至今參加了不少研討會，做了些許研究。

基於上述因緣，再回頭來談「宗教與醫療」。一提到宗教，在日本有許多人會直接聯想到「靈的問題」，而佛教就是主張有「因果」「業」「轉生」的宗教。但是在閱讀了許多書籍之後，以最近的《醫療86．日本人與腦死》特集為例，發現一般人都只停留在「佛教就是倡導輪迴轉生」的刻板印象，這實在是個嚴重的誤解，首先必須做個澄清。

佛教中所說的「輪迴轉生」指的是「人也者，輪迴轉生者是也」。「輪迴」指來回兜圈子；人因為有煩惱、惡憎等反覆來去、揮之不散的迷惑，所以人存在。而佛教則開示人從中獲得解放。也就是說，佛教是為了達到開悟、解脫眾生的目的，所以才必須先解釋悟的前提，即甚麼是迷惑的本質。

目前在亞洲的既存文化中，普遍存有「巨靈、宇宙靈化身現象示人」的思想，正好這又被人和佛教的前提混為一談，結果是大多數的日本人所信奉的佛教其實是混合宗教，或說是民俗佛教。若問起兩者之間的差別為何，則多半回答：淨土教即信奉阿彌陀佛，生於淨土。乍聽之下兩者似乎無異，這是由於宗教概念並不容易了解的緣故。

也因此，在解釋「宗教與醫療的問題」時，有許多問題勢必得先作個釐清。

其次，有關靈魂的觀念方面，原先是由釋尊在印度所完成的哲學，加上後來的印度民俗混合而成。之後佛教傳入中國，一方面努力進行佛教純粹化，一方面也無可避免地和中國當地民俗產生交融，其中還包括了儒教、老莊思想、道教、陰陽教等，然後才傳到日本。到了日本，雖然一開始有鎌倉佛教祖師等人致力倡導純粹的救濟哲學，不過依然不能阻止混合的發生，歷經了中世、近世，乃至明治以降，佛教日本化一直持續地進行。想當然爾，在經過這麼複雜的宗教混合後，要想再找出宗教的原本面貌，實屬非易——這就是目前的最大難題。

若是再考慮到以我們宗教社會學的觀察，隨著社會的日趨都會化，宗教性亦會愈趨淡薄的結論而言，情形就更加令人不樂觀了。在今年一月四日《每日新聞》刊載的特集「日本人的宗教觀」中，所做的問卷調查結果也證實了這一點。例如當被問到「你相信神嗎」，回答「相信」的十世代（十幾歲這一代）人數就比廿、卅、四十世代略高，在四十世代之後曲線開始慢慢回升。但即使是十世代中回答相信的人數也並不多。不過當被問到「你相信奇蹟嗎」時，十、廿世代回答相信的比例就變成非常多，卅、四十世代則有明顯下降，到了六、七十世代才又稍稍回升。

由此可以看出現今的十、廿世代所抱持的「相信有奇蹟」，指的其實是「奇蹟之神」，亦即單純的奇蹟，或說是經過民俗化洗禮的，具原始宗教性的東西。從這種思想如此在今日年輕人的文化中占有一席之地來看，無疑地對基督教和原始佛教而言，最不容易紮根的土壤其實就在大都市內，而且是都會化愈深的愈是如此。

怎麼說呢？大家都知道團體是一個人的精神支柱，是家庭、宗親、地域社會等團體使人的精神得以自立，而人們則在團體中學習文化、道理，然後形成待人處事的哲學。然而，這些在今天的大都會中是不存在的。也就是說愈是在大都市，宗教退化的現象就愈明顯，這句話是可以成立的。

然而受到大都會化影響的，真的就只有今天年輕的十世代嗎？當然不是。根據我對喪葬禮儀式所做的調查，即使是六十世代、七十世代，八十歲左右的人也有同樣現象。因此說長一輩的人較有宗教觀念，至少從民俗宗教的祭祖觀點來看，是完全不正確的。在六十、七十世代明治出生的人當中，多的是精神上出現退化現象的，而十、廿世代中也不是每個人都不具宗教觀，精神上十分安定的人其實不少。要想在目前急速都會化的日本裡，精確地掌握出宗教精神是件非常困難的事，尤其是對於我們這些從事研究的人而言，也無怪乎當我們在面對臨終病患時，總是有不知從何著手的茫然。

二、生命的認識與「死亡的接受」問題

接下來開始進入主題。為了方便釐清問題點，我在事前已經先就「現代中的生命問題」就我所想到的相關事項整理如下：

㈠生

①遺傳基因工學（操作）　畜產・藥品・農業・醫療產業化　自然體系崩壞

②分子生物學　生命為何

③大腦生理學　腦的剖析・以物質觀點剖析人的行為　何謂「人」

④人工授精關係

ⓐ正常夫妻之間的　人工授精　藉助試管授精

ⓑ夫妻以外男性捐贈精子　性交　人工授精　藉助試管授精

ⓒ夫妻以外女性捐贈卵子　性交　人工授精　藉助試管授精

ⓓ正常夫妻間的授精植入第三者女性胎盤　出借胎盤

小孩對自己的存在產生混亂、與所有關係人的感情出現危機

⑤畸型兒汰選

⑥人工中斷懷孕（墮胎）　人口爆炸的恐懼與誘惑　性解放　生與不生的權利

女性解放

⑦公害與生態

㈡病

⑧醫療公害・醫療過失・醫療過剩・對醫療費用的不安・醫師的責任迴避

⑨植物人

⑩器官移植　活體移植　屍體移植　器官・輸血

⑪腦死　死亡判定與器官移植的誘惑

㈢老

⑫痴呆醫療・醫學　「人的意義」崩解　對醫療費用高漲的不安

⑬痴呆看護　家庭的破壞　「家人」的意義被質疑

⑭更佳的晚年　對晚年的不安

㈣死

⑮癌症醫學・醫療

⑯死亡的觀照與接受　從cure（治療）到care（看護）　收容所　止痛醫療　質疑人存在的意義

⑰尊嚴死・安樂死　對死的恐懼　死的願望　尊嚴　苦痛的定義　犯罪

⑱自殺

⑲死刑

這些相信都是大家早已熟知的問題，所以僅容我在此稍做個整理。至於宗教對這些問題的態度是甚麼呢？答案真的是非常多，就看你持甚麼觀點而定。

去年十一月時，在山陰地方舉辦了場座談會「現代中的生命問題」，主辦單位是某青年僧侶團體，與會的人士中有島根大學神經外科醫師、律師、我、以及從事老人醫療相關工作的一位和尚。當天會場討論的氣氛相當熱烈，我記得有個有趣的議題是這樣的：「甚麼是人？從哪個階段開始才稱作人？」腦外科醫師的說法是：「現階段人類器官的移植大致可以進行到心臟，唯一能代表一個人無法取代的身分的東西，只剩下腦髓而已。如果這個論點大家也都同意，那麼從腦髓成形的階段起就可開始視作人。因此，在受孕後三到五週內腦的雛形完成，心臟開始跳動時起，就是一個新的人類的誕生。」對此律師提出他的反駁：「我不這麼認為。在我們法律的世界裏，要承認一個人是否具有人的資格，必須先看他在事故發生時能否要求賠償而定。」

至於「從何時起可以要求賠償？在母親體內時也許具有財產繼承權，但是無法請求賠償。甚麼時候才可以呢？有種說法是陣痛說。」當陣痛開始時，就是胎兒與母親脫離的徵兆，所以從這時起就可以申請賠償。不對！應該是產道通過說。不！自發呼吸說才對。「在我們法律的世界裏，依各自所承認的可以申請損害賠償的獨立人格成立時點的不同，就有陣痛、產道通過、自發呼吸等學說之分。」真不愧是錙銖必較的金錢世界。那麼究竟我們是從甚麼階段才開始稱作人的呢？繼續深入這個議題後發現，這點對醫療也同樣重要，尤其是墮胎，不少紛爭正是因此而起；以這種情勢看來，要說明「醫療與宗教的關連」，相信絕非三言兩語就能一筆帶過。

最後有一點要補充的是，由於談論「死亡的接受」時將會牽涉到腦死・尊嚴死・安寧看護等問題，這部份將留待到最後再作探討。

三、從生命問題看人的存在價值

在進行討論「現代中的生命問題特質」之前，有幾件事是必須先作確認的。

㈠ 事實先行，人的觀念追趕不上

① 人口爆炸・公害・核子・糧食・能源・資源戰爭・大都市化

② 科學技術的進步

㈡ 人的私利先行

① 經濟主義的危險（行政體系對收容所的異常關心）

② 人權的漠視（犧牲弱者）

③ 世俗權利的擴張（生與不生的權利）

④ 全體主義的危險（健康人的擇良意識）

⑤ 非合理事物的排除（強調體制中心・合理性優先）

㈢ 生命問題的矛盾

① 藥品・醫術・機械進步，且任何人皆能使用——經濟負擔吃緊（給藥・腦死）

② 遺傳基因操作・人工授精・墮胎——畸型兒出生率高漲（導致夫妻不和、愧疚感加深，對人的意義出現混亂）

③ 器官捐贈・腦死判定——器官買賣・爭奪繼承權・犯罪

④ 以量來證明、衡量自己的愛——給藥

㈣ 混亂的人類存在論

① 企圖合理化人類存在的非合理性（失去師法自然的謙卑以及對生命的喜悅）

② 失去對人的憐憫心

首先談到㈠「事實先行，人的觀念追趕不上」。事實指的是關於人口爆炸・公害・核子・資源・能源戰爭・大都市化等早已出現的既成事實。由於這些時代躍昇下的新產物，正好是舊有單純的宇宙觀、宗教觀陌生的領域，所以就算是用宗教的原理、原則說破了嘴，相信也解決不了問題。唯一的辦法是，直接就現實與宗教的宇宙觀正面交鋒的實例，來作解析說明。

在所有先行的事實中都可以看見科技參與的影子。既然今日的一切爭議都是因為腦死病患仍可藉由科學技術維持心臟的基本跳動而起，那麼把這項科技的因素去掉後，問題不就可以解決了？答案是當然不可能。已經發生了的事是沒有辦法改變的。說得更正確一些，人類的文明史今後只會繼續前進，不會後退。面對這種事實先行的情形，基督教、佛教等宗教團體該持甚麼樣的宇宙觀作為施行人類救濟時的對應呢？遺憾的是，這正是目前的宗教界讓人覺得做得最不足的地方，影響所及，即使是第一線的傳教人員思考問題時，也都有自我設限的傾向。

第㈡項先行的事實是「人的私利先行」。即人的便宜行事。在這裡舉一個我自己親身的經歷說明：去年我利用到京都的空檔拜訪了柏木醫師，並且在他的帶領下參觀他所任職，同時也是我景仰許久的淀川基督教醫院。在談話中才知道，淀川基督教醫院正打算蓋座收容所。收容所在現行規定中，因為還未列入行政項目的緣故，應該是很難申請到行政補助。當然我不是專家，無法說的太肯定。總之，真的蓋下去了以後，據說來自大阪府方面官員的刁難不斷。在目前過剩醫療、濃厚醫療壓得醫療行政體系喘不過氣的情形下，建立一個能夠「安寧迎接臨終的醫院」應該是值得鼓勵的，令人不解的是行政機關顯然不這麼認為。其實，行政機關會有如此的反應早已是預料的事。

在經濟主義的前導下，尤其是腦死判定後捐出器官的個案、或者是不捐出器官，但要求以腦死作為死亡判定標準的個案中，對兩者的家人而言，都意味著經濟的負擔將可從此減輕——這的確是個不小的誘惑。而事實上相信這也是早已在進行的事，在得到默許的情況之下……。不用說，這種形式的經濟主義當然早已先行。

再談到②「人權的漠視」，尤其是畸型兒汰選的問題。在去年的研討會時也有人提到這樣的內幕：將畸型兒依ＡＢＣ分等級，當畸型程度達到Ｄ級時，醫師會直接向嬰兒的父母親宣告「很遺憾，是個死胎！」這絕不只是個特例，諸如此類的問題將會繼續先行。

其次是③「世俗權利的擴張」。指的是關於墮胎問題中，生與不生的權利。我了解這是個婦運議題，但本人實在是無法認同而且深感矛盾，不只是我，就連平日行事不甚堅持原則的人也都認為當中的矛盾不小。從這點也可以看出，目前的世俗權利的確有被過於強調的跡象。

至於④「全體主義的危險」則和前面提到過的畸型兒汰選問題性質雷同，就是當出現非常事態時，「全體主義」隨時都有被利用的可能。⑤「非合理事物的排除」。凡合乎體制、人類利益的，就是合理的事物。例如第二次世界大戰時，國家的權力伸向每個角落，藉由壓迫人民來合理化國家行戰爭的目的，不在此範圍內的都視為非合理。時代再拉近些，就是現在的歧視問題也是如此。歧視的產生，源自社會體制對非合理事物的差別待遇。也就是說，只要時機適當，非合理事物隨時都有被排除、被犧牲掉的可能。我個人以為，社會大眾有必要認清這個問題的嚴重性，並重新檢討一番。

㈢「生命問題的矛盾」談論的是社會與個人生命的矛盾。

①藥品・醫術・機械進步，任何人皆可使用，但經濟負擔因此吃緊。——這點在前面已經說過，各位現在應該都十分清楚。②「遺傳基因操作・人工授精・墮胎等導致畸型兒出生率高漲」。引發的問題有夫妻不和、人際關係出現危機、愧疚感加深、對人的意義產生混亂等。③器官捐贈、腦死判定所牽扯出的器官買賣問題，在日本已經不是新聞，隨之而來的繼承權爭奪、犯罪等更是防不勝防。

㈣是一個古老的話題，以量的多寡來衡量自己的愛有多深，因此有了給藥醫療、濃厚醫療的問題。話題稍稍岔開一下，現在在日本一談到佛教，就直接讓人連想到戒名的問題，其實這和給藥醫療的心理是一樣的。現在的日本家庭家人分居各地，不管是夫妻還是親子，彼此之間都缺乏確認愛的機會，充滿愛的溫馨家庭成了一項苛求，也因此一旦家中有人生了重病，比如說父親得了心臟、腦部疾病，身為兒子的由於以往一直找不到機會可以確認自己對父親的愛，於是一句話「請醫生一定要盡全力搶救」，幾十萬、幾百萬日幣的醫療器材被一個人長期占用，對醫療行政不但是種壓迫，自己最後也傾家蕩產。等到意識到有危機，利己心再次抬頭時，跟著就撒手一放，這樣的例子在目前的日本是處處可見。

戒名問題也是如此。「希望擁有位階高一點的戒名」這句話相信在場的各位聽來一定覺得耳熟。和尚中當然也有些害群之馬，但大多數應該都會以「沒有這樣的事」拒絕民眾的請求。現在問題來了，假如父親不幸去世，而身為兒子的也找不到其他方法確認對父親的愛，於是便跑到和尚那裡提出要求說「我父親辛苦地賺了不少錢，也開了店面，實在很是偉大，請給他一個院號」時，和尚回答「別說傻話了！你父親平日連寺廟都不進的，像那樣的人怎麼可以給他院號呢！」於是憤而就掉頭回家拿出五十萬、一百萬左右的日幣，頤指氣使地扔在地上「這樣總可以給了吧！」這個故事中的院號糾紛，同樣也是以量的多寡來做愛的確認。

這點在醫療上也引發了問題。日本人的這種缺乏情感交流、情慾得不到滿足的現象充分表現在醫療上。就是這些人會在情形不利自己時，說出「請拔掉維生儀器」，或是基於同樣的道理說出「請繼續用更新、更先進的儀器」的矛盾話出來，而這種矛盾正有愈來愈多的趨勢。

結果是㈣開始對人類的存在論產生混亂。合理地粉飾非合理的人類存在論——意思是，人類的存在原本就是非合理。沒有一個人是自己選擇成為人，都是在意識到自己的存在時，已經是人、男人、女人或日本人了。所以在基督教裡稱此為「神的意志」，因為不是人自己的意志所能夠控制。這裡的非合理，意味著「先於人的合理」。佛教中的「非」、「無」、「不」等否定語，指的就是以前，在人的意志以前的意思。人類的存在原本應該是這樣解釋，企圖合理化的舉動只會使存在論更加模糊，進而產生到底甚麼是人？人又是甚麼？等的疑惑，最後就連對人的憐憫心也會失去——這也正是現代中的生命問題。

四、死亡意識的構造

至於宗教如何看待這個問題呢？以下我想就我手邊正在進行的「死亡意識的多重構造」研究進行探討。之所以會開始思考這個問題，很大的原因是因為曾經在某個研討會上，柏木哲夫醫師這樣問過我：「佛教認為死後有沒有另一個世界？請直接回答有還是沒有」。我當時實在不知道怎麼回答，是該說有呢？還是沒有？「來我們醫院的病患全部都是佛教徒。試想想身為基督教徒的我們所照顧的人中，佛教徒佔了絕大多數，而我們對他們所信奉的宗教卻是一無所知，所以請你告訴我，在這些人信奉的佛教中，到底有沒有死後的世界存在？究竟該告訴他們可以對死後繼續抱持希望還是不能？請你簡單地告訴我有還是沒有？」這是個很難回答的問題，至少是個不能用簡單的有沒有來回答的問題。於是我開始思考，也有了許多想法。

首先我想到的是必須先了解目前在日本有那些混亂的現象，並且試著以「自我的多重構造」為題做了整理。

死亡意識的多重構造

自我的多重性	症狀	解決方法	宗教文化
身分認定			
E 生理的自我	生理、身體出現不適 對生老病死存有恐懼	努力治療也信賴治療 回復理性思考	
D 倫理的自我	畏懼失去工作 來自經濟上、家庭的危機感 擔心受家人排斥	重新思考「自己」的意義 信賴 愛	病痛乃因罪而起
C 民俗的自我（自然宗教的）	對自己的消滅感到害怕 對死後有畏懼	永生的期待 對死者的尊敬	靈魂觀念
B 哲學的自我	對自己存在的意義產生混亂 責怪命運	意識到自己存在的不合理性 對存在的喜悅心存感謝	業・因果觀
A 宗教的自我	畏懼罪・罰・死後的審判 期待神・佛顯奇蹟	謙遜地接受自己存在的矛盾 將自己交給超越人類的真理	

表格的上段是「自我的多重性」。當一個人生病時，最先感到有切膚之痛的當然是「生理的自我」，因為沒有比來自肉體的影響更大的了，所以這是最基本的自我；其次才是有關

社會、家人、工作、生存的意義等的「倫理的自我」；然後是「民俗的自我」，即自然宗教、原始宗教觀點的宇宙觀；接著是「哲學的自我」，最後才是真正的「宗教的自我」。將「自我」分成這五重，我認為是有必要的。

以病症作比喻來說明的話，「生理的自我」症狀就是：因生理・身體的不適所引發的自己意識。我在去年有次因為直腸突然出血，著實嚇了一大跳。雖然先前曾有感覺骨盆腔內有酸痛的情形，不過一直以為是因為壓力的關係，所以並沒有上醫院看病，當時為此還困擾了好一陣子。我想要說的是，一個人最基本的自我，主要還是來自生理，而問題就是因同一個生理而起。這裡的問題指的是對死亡、未知物的恐懼。解決的方法則是「努力治療」及「回復理性思考」。

其次「倫理的自我」。可能的症狀有：畏懼失去工作——我在去年同樣有過一次深刻體驗。和來自經濟上、家庭的危機感，甚至擔心會受到家人排斥。解決的方法可以從「重新思考自己的意義」出發，再次「找回信賴與愛」。

「民俗的自我」屬於自然宗教宇宙觀的範圍，這部份可能產生的自我危機有「對自己的消滅感到害怕」和「對死後有畏懼」，提出的解決方法是「永生的渴望」及「對死者的尊敬」。「永生」一詞中因為含有自然觀的思想，所以經常演變成靈魂的觀念。「哲學的自我」層面可能出現的危機有「對自己存在的意義產生混亂」以及「責怪命運」，解決的方法則可以從「意識到自己存在的不合理性，喜悅並感謝存在的意義」做起。

「畏懼罪・罰・死後的審判、期待神・佛顯神蹟」——這些都是錯誤的「宗教的自我」會有的症狀，而能夠提供解決方法的真正「宗教的自我」則是鼓勵人「謙遜地接受自己存在的矛盾，將自己交給超越人類的真理」。理論上當一個人生病時，他的自我可以分成這些等級。但是在大多數時候，除了少數具有思考力的人能夠達到「哲學的自我」之外，多數人還是從E到C就停止了。也因此能夠建立真正「宗教的自我」的日本人其實並不多見。這些都只是我還在驗證的研究，所以理念可能不盡成熟，以上的結論僅是我根據多項意識調查問卷的結果所作出的推測。

	（X）個人的範圍	（Y）原理的範圍
A宗教的自我	信・全心託付	神，佛
B哲學的自我	承認存在經驗的不合理性	學習認識不合理存在的本質
C民俗的自我	對死者的尊敬	自然宗教的宇宙觀
D倫理的自我	愛與憐憫的經驗、諒解、感謝	對工作與家人的責任意識
E生理的自我	身體的感覺	了解、關心身體，努力治療

右表的（X）個人的範圍與（Y）原理的範圍分別相當於前面的「症狀」與「解決方法」，當病患或其家屬因為生病而產生困惑現象時，右表或許可作為一個參考，幫助個人了解自己的處境。

再回到宗教的議題上。前言中曾經提到過一般人認為佛教就是倡導輪迴轉生的宗教，這麼說不知道失不失禮，最近常常聽到的「新新宗教」，主要談論的內容好像也都脫不出「靈」的範圍。不過即便是如此，我個人還是認為新新宗教也是宗教。至少就提供宗教的宇宙觀、指引人們歸納出「自己的意義」上，新新宗教所提供的宗教現象和其他宗教並無二異。有人批評新新宗教算不上真正的宗教，這不過是宗教論爭，屬於宗教和宗教之間，不應該情緒化地擴及其他範疇。然而話又說回來，經過這麼一番過於強調心靈力量，相信所謂「傻瓜的腦袋可從信仰開始(改造)」的精神，而將眼前的所有現象全部歸類為宗教現象的新新宗教洗禮後，要想再為「人」的定義下註腳一事無疑地更加困難。也因此，若欲得出一套能夠實際用於醫療現場的方法論，眼前第一步要做的就是，先將各宗教的性格差異加以分類。

下面的「宗教與人的正確形態之整理圖」同樣是根據我目前正在進行的研究繪製而成，縱軸代表存在論、橫軸代表實踐論，縱軸的存在論下方表示不合理的區域。諸如：人類的存在本為不合理的事物，不是為了人的利益，而是神的意志，生死無非都是神的意志等，都歸納在這個區域裡面；另一方相對的則是人的意志、人的利益為主的區域。而在代表實踐論的橫軸左方的是「具主體性」、右方是「藉助他力」。舉凡「靈」、「另一個世界」、「祖先」、「靈障」，或是「嬰靈作祟」──傾向以「嬰靈」思想解釋現實，規範自己──等藉助他力作現實判斷的事物都歸到右方，相反地具主體性的則在左方。

首先注意到右下方的「藉助他力」，並承認存在為「不合理」事物的萬物有靈論。這就是目前盛行大都市的「靈」思想的來源，一方面承認宇宙、存在為不合理，一方面又將這些不合理事物的現象解釋成「靈」、「宇宙靈」等他者之力──這正是日本人一貫愛用的說法，也就是藉助外力來解釋現實。

宗教與人的正確形態之整理圖

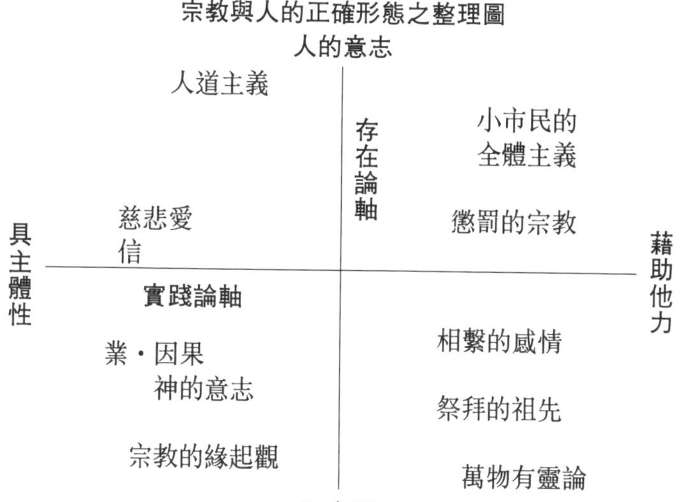

與此相對的左方立場則是傾向以哲學性及人為主體作思考，如基督教和佛教的立場。以佛教為例，在舉行祈福、驅魔儀式時當然必須歸類到右方，包括喪葬禮、祭拜祖先等也多屬於右邊，但有一點不能一概而論的是，參加的民眾固然站在右方，賦與右方意義的卻是左方。日本的佛教之所以面貌不易掌握，問題便是在此。想要以一句話就總結出佛教是不可能的；僧侶們研究純粹的佛教學，理解悟的世界，同樣的一批僧侶也替民眾行葬禮、驅除不淨——這的確使僧侶們看起來像是萬物有靈論的信奉者，但卻無損他們站在了悟一方行儀式的立場。概括地說就是，萬物有靈論因為多重構造被賦與權威，成為日本宗教中的宇宙觀，但卻無改真正的純粹佛教仍位於左方的事實。

經過以上的整理、解釋之後，應該能夠對患者以及家屬在釐清自己的精神狀態上有所幫助。

五、從問卷調查中看人們對死亡的心態

「死後觀念與死亡的接受之實驗性問卷調查（中期報告）」所希望達成的目標是想藉此瞭解日本人是否相信輪迴轉生，而該問題又有多複雜？怎樣的人信，怎樣的人不信？這是我

在昭和五十九年自己私下做的調查，採樣稱不上公正，以三百人為對象——年齡分布在二十到八十世代之間，主要是一些老人之家以及社區中的老人講座（老人大學）、檀徒、農村居民、和參加參禪會坐禪的人（會參加坐禪的人一般說來都非民俗佛教的信徒）。有效回答率七十二%。

（問卷調查對象・年齡別）

年齡	20世代	30世代	40世代	50世代	60世代	70世代	80世代
	4・5%	3・4%	9・0%	21・0%	22・6%	28・8%	10・7%

對象	老人之家（老人講座）	都會信徒（禪宗）	農村信徒（禪宗）	都會參禪（會員）	大學生
	49・7%	6・6%	16・4%	24・6%	2・7%

在問卷調查結果中我發現了一些有趣的問題，試取幾則如下：

○你相信人死後有「靈魂」的「東西」存在嗎？

1. 有（38%）　2. 希望有（29・8）

3. 沒有（9・8）　4. 不清楚（8・2）

5. 無法斷定有還是沒有（14・1）

○你認為「另一個世界」會是怎樣的一個地方？

1. 神的天國（2・1%） 2. 佛的淨土（33・7）

3. 有山、原野、墓等祖先在的地方（9・8）

4. 不認為有另一個世界（3・2）

5. 死後即回歸到無（33・7） 6. 不知道（13）

理想的問卷原本答案應該由回答者自行填寫，不過由於這僅屬實驗性質，所以我還是設計了一些選項提供圈選。上述的數據經過整理後如下：

	1. 有	2. 希望有	3. 沒有	5. 無法斷定	
A 佛的淨土	14名	15名			56（30・4%）
B 回歸到無		21名	19名	13名	53（28・8%）

回答相信有「靈魂」的人和認為「另一個世界」就是「佛的淨土」的人為同一批，而不相信有「靈魂」或是回答無法斷定的人則多認為死後即「回歸到無」。這裡對「無」的解釋可能不見得正確，但至少形式上是接受了「回歸到無」的觀念，這點並不衝突。下面的圖表

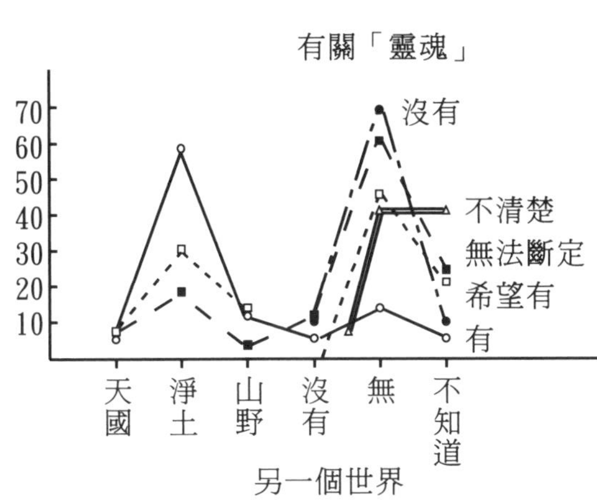

清楚地顯示了上述A群與B群劃分明顯的屬性。

在觀察A群與B群之後我們得出以下結果：

①性別——A群以女性居多（較B群多出二十％）。……換句話說A群就是認為「另一個世界」等於「淨土」的人，而且也相信有「靈魂」存在。

②談論到宗教話題的機會——A群多出三個百分比。但即使是同樣談論宗教，內容也不盡相同；比方說真正學佛的人和到廟裡聽講經的人所談論的話題可能就大異其趣。對一個和尚來說，面對來廟裡進香的老先生、老太太，若說些太深奧的佛理可能怕聽不懂，唯一的辦法就是以淺顯的方式講道理。不只如此，就是

最近傳媒在報導宗教談話時，風格也是特別都市化。所謂的都市化，指的是符合有心涉獵哲學但是厭惡鑽研的都市人心態。同樣的現象在出版業界也是俯拾可見，比方說不能因為親鸞聖人的教諭是如此這般，於是就堅持出書時在哲學的處理上也必須這般如此，因為一旦真的照做，書就賣不出去了。也就是說，表面上看來A群的日本人好像經常接觸到宗教談話，但接觸頻率多卻也只更證明了這些人所談的其實並非真正的宗教，而是民俗宗教。

③ 對人生的滿意度——回答非常滿足的人中A群有百分之四三・五，高於B群的百分之三五。顯示A群中滿足的人較多，對現狀批評的也較少。反之，不相信「另一個世界」、「靈魂」的人對現狀的批判性則較強，而批判性強就意味著精神的自主性強。

④ 對自己存在的自覺——這題設問的目的是想了解人們怎樣看待自己的人生，對自己的生命有何看法。回答是「神佛或祖先的神奇力量」的人中，A群有百分之八五・七，B群則是呈壓倒性對比，只有八、九個百分比。認為是「理所當然的事，沒特別想過」的人之中，A群有百分之六六，而B群是百分之二六。

這項調查證明了一項事實，那就是這些回答「神佛或祖先的神奇力量」，抱持著自然原始的宇宙觀・民俗的宇宙觀的人在接受「靈魂」、「淨土」等思想時，態度是無條件的、單純的，並不是從純粹的佛教信仰去做思考的。

○當聽到「另一個世界」、「靈魂」等字眼時，你的第一個反應為何？

1. 害怕（2・1％）
2. 討厭（3・8％）
3. 沒感覺（17・9％）
4. 非常重要的心靈問題（58・9％）
5. 不知道（11・9％）

在回答4的五八・九個百分比中，A群佔了百分之七十四，表示光是聽到「另一個世界」、「靈魂」等字眼時，態度馬上轉成精神層面應對的人在A群中為數並不少。這也可以解釋成為這些人對宗教其實是不具批判性，也不經常作哲學性思考。

○如果用一句話來形容「佛教教訓」，你認為下列那個選項最接近你的想法？

1. 藉由祭祀死去的人和祖先可以保佑我們的生活（平均33・2％　A43　B24）
2. 壞心眼的人下地獄，信佛者得入淨土
3. 信奉「緣聚而後物生」的宗教（平均60・3％　A52　B70・9）
4. 其他

1以A群較強，3則是B群佔壓倒性多數，可以顯見回答者的死後觀念及精神自主性對此有著決定性影響。

○對你而言是否有一些已經去世的人是你永遠忘不了的？例如已去世的父母親、亡妻、故友、仙逝的恩師等。

1. 因為實在是太想念了，如果自己也到了那個世界希望能有重逢的機會（61・9％　A71・4）
2. 還談不上非常想念，倒是希望先人能夠保佑活在人世的自己（16・8％）
3. 一想到已死去的人心裡總不免有些害怕（0％）
4. 很少想過這個問題（10・9％）
5. 不知道

A群的人中有百分之七一選擇了1，比全部的平均值還高，這表示A群的人和死者之間的連結以感性為主，而且是無條件、不加思考的。從某方面而言這點固然值得稱許，不過也有缺點，就是無法進步。非常地單純、輕易就接受往生者，但，也僅止於單純接受——這正是民俗宗教、民俗佛教的特徵，同時也是缺點。

○假設你將不久人世，對於自己的一生及生命的意義你會作何解釋？下列那個選項和你的想法最接近？試選出。

1. 也算是為公司、團體等盡過心力，自己的人生因此多少也有了意義（2・7%）

2. 一輩子為家庭努力奮鬥，今後也將繼續祈求子女平安長大（平均7・6% A 12・9 B 3・7）

3. 工作、家庭都有了，不論好與壞，這都是自己的人生（平均28・8% A 18 B 40・3）

4. 活到這把歲數，不管是山青、水綠，還是花香鳥語、自然奇景等都見識過了，大宇宙的生命將永遠活在我的心中。只要想到自己即將回歸到那個大自然，心情也平靜多了（平均61・9% A 50 B 58・4）

5. 其他（4・3%）

這題的設計是參考了刊載於《老年學》中的論文「從辭世的一句話看人生」，作者是橘覺勝先生，他同時也是日本第一位從事老年學研究的人。在五個選項中，回答2、3、4的人各有某些特點。回答2「以家人為重」的A群多於B群；回答3「自己的人生」當中，B群比A群多；回答4「回歸大自然」的則兩者差不多，但B略高一些。

經過解讀之後我們發現B群的精神自主性強、批判精神強、自我也強，簡單說就是人的自主意識強。這些人和神佛算是無緣，對民俗的事物也具相當批判性。而A群則正好相反，

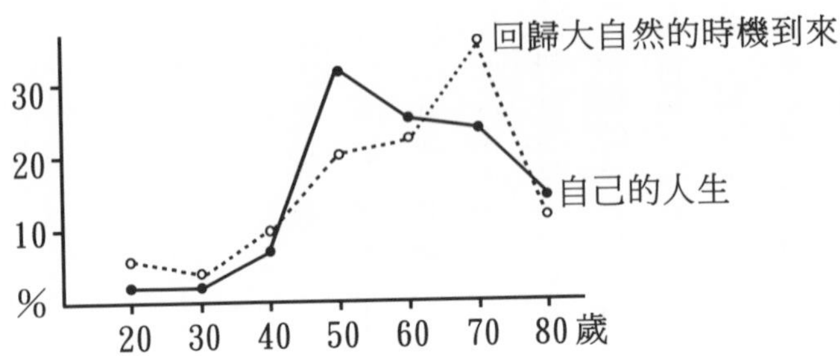

表面上看是和神佛接近，態度卻是無批判無條件地接受，相信所謂「傻瓜的腦袋可從信仰開始（改造）」的人指的就是A群。

上面這一張圖表中虛線代表的是「大自然」，結果就正如橘先生所說的，年齡，是決定回答者態度的重要因素。回答「大自然」的人裡面有年紀愈大愈多的傾向，而選擇「自己的人生」的則是以中年人最多。

○現行的日本法律規定，即使當事人有捐贈器官的意願，或願意提供遺體作為醫學解剖使用，但只要家屬中有一人反對時，則應以家屬的意願為重。現在請問，如果死去的是你敬愛的親人，面對當事人生前強烈希望捐贈器官的遺願，你是會贊成還是反對？

1. 死者家屬的心情也必須尊重，雖然和

當事人的意願不符，卻也是無可奈何的事（9・8%）

2. 既然是當事人所希望的，身為家屬即使不願意也應該積極配合（40・2% A29 B56・5）

3. 如果是自己的親人，老實說絕對不贊成，但民主時代一切講求尊重本人意志，提供遺體是不得已的事（34・8%）

4. 遺體如果受損，將會不利到另一個世界裡成佛，因此就算違反當事人的意願也是沒有辦法的事（3・8%）

5. 其他

這是針對器官捐贈所提出的問題，由於對多數人而言這個話題仍屬陌生，因此在設計問題時我作了一些基本知識的補充。

令人感興趣的是選擇積極的回答2的人當中，B群比A群多了將近一倍，顯示B群較具思考力，A群則是一碰到這類的問題，馬上就有訴諸情感、模糊焦點、停止思考的現象。這樣說好像有點妄下斷語之嫌，但不能否認的確有此可能。

○近來諸如眼球銀行、腎臟銀行等陸續出現，鼓勵人們在死後捐出眼角膜或是腎臟給失明或受腎臟病所苦的人，有時候也鼓勵人們捐出遺體提供給醫學院、護士學校作解剖實習教材。

對此，請問你的看法是？

1. 能夠幫助人，對醫學又有回饋，值得繼續推廣（27・2%）

2. 原則上贊成，有機會的話也願意捐贈，但考慮到家人的想法，態度還是有所保留。（51・5%）

3. 想到死後要到另一個世界，還要重新投胎，說甚麼都不能做會傷害自己身體的事。（15・6%）

我另外用圖表對這個問題作了整理。各表中①~④代表的是家屬對死者本人的捐贈意願所抱持的態度。

① 不利成佛

② 即使當事人有意願，身為家屬卻無法接受，不配合提供也是沒辦法的事

③ 雖然不贊成，但時代的考量也不能忽視

④ 應當積極配合

表1是將器官捐贈與對「另一個世界」的看法合併作成交叉統計，從曲線可以看出前面提到的「愈單純的人愈是執著」的確有跡可循。

表2則說明了回答者對家人的捐贈意願認同與否，與自己的捐贈意願有著密切關係。

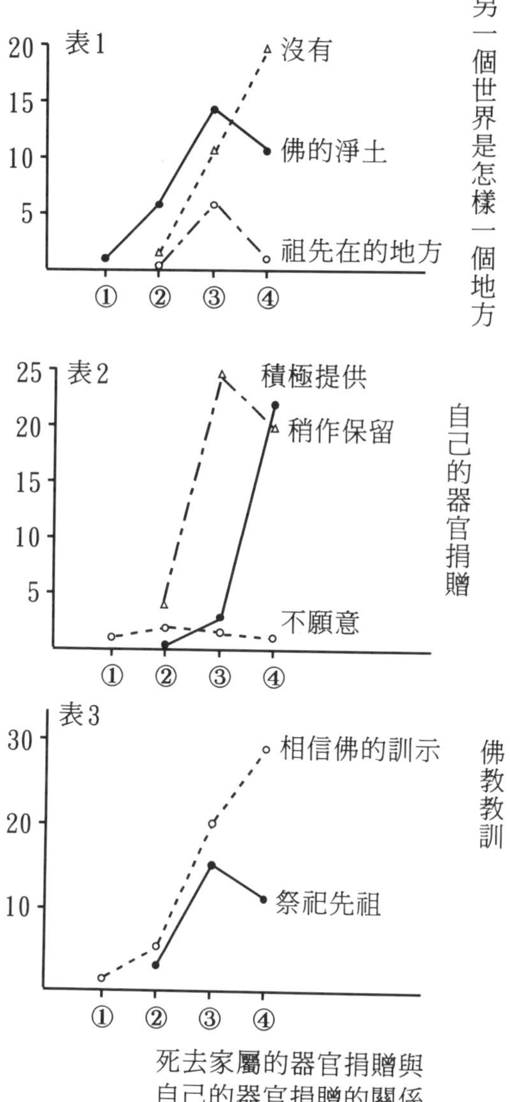

死去家屬的器官捐贈與
自己的器官捐贈的關係

表3是將器官捐贈和對「佛教教訓」的看法合併作成交叉統計。回答「信奉佛的說話」的人對器官捐贈的態度非常積極，相反地認為是祭祀祖先之類單純想法的人則傾向消極，顯然精神的自主和宗教精神的自立性在這裡又發揮了不小的影響力。

○你家中曾有人生過難醫的重病嗎？

1. 有　2. 沒有

○當時負責照料病人、簽署同意書的人是你嗎？

1. 是　2. 不是

○面對該繼續治療還是辦理入院，甚至最後決定動手術，你曾經考慮過很久嗎？

1. 著實考慮了好一陣子，直到聽從他人的建議才下定決心（9人）
2. 稍微考慮了一下（5人）
3. 當時的情勢好像就應該那樣做，很自然地就決定了（5人）
4. 責無旁貸，當機立斷（42人）　5. 不知道

（選擇1的有9人，選擇2的有5人，共計14人，其中A群佔了6人）

下圖是針對「大病經驗」的設問，對象是自身有過重病經驗的人。根據圖表所顯示的，看不出兩者間有任何明顯的關連。

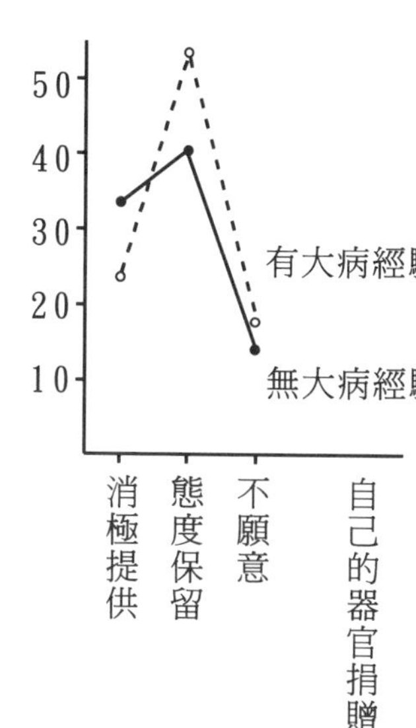

從問卷調查結果得知，一個人的宗教精神如何形成，以及他的宗教自我達到哪個階段，都會直接影響到他對器官捐贈的態度。由此可見談論宗教的問題時離不開社會教育。今後的課題就是，該如何教育人們建立起精神的自主性，而這應該也是醫療的問題。單純地解釋人類現狀只是個普通的學問，基督教學、佛教學裡頭論述的是「人類就是這樣」的人類本源，兩相對照之下，以今日的作法是不可能獲得純粹的學問，亦即客觀的學問的。以一個傳教者對醫療與宗教的現象所作的觀察，我發現不管是對於死亡的接受，還是對器官捐贈的態度，人們的想法都在不斷改變，而且是隨著社會一起改變。如此看來也許再過十年，腦死的問題將會成為普通的常識也說不定。而每個人內在的自主性，也就是在這樣想法一點一滴地改變當中逐步建立起來。所以歸結出關鍵就在於教育，接下來的一節就是以講解佛教中的人類觀及宇宙觀為主。

六、佛教中的生死觀

1　佛教的生命觀

企圖解釋佛教中最精華的部份是件非常冒險，卻也是不得不為的事。首先將重點逐條整理後如下：

㈠　人類的存在早於人的利益

緣起・無自性・空——存在的本質為條件的調和

無常——存在是會變化的

無我——不為自己的利益

苦——違逆人類的意志

佛性——佛所悟出的珍貴的存在本性→我亦包含在內

不染污——居於我的意識以上的世界

〈人類存在的現象面〉

①自然存在——無自覺的存在

②受欲所染污的妄緣起的存在（因心有欲念而對真理無自覺）

③迷惑的存在——染污的自己與來自不染污的召喚造成兩極分裂的自覺

④發心的存在——往不染污的一方移動，脫去染污

⑤悲與諒解及業的自覺——活在生命的矛盾之間

⑥涅槃的存在——安身於寂靜

㈡見於人類存在之二面性中的柔軟性

可厭之身——珍貴之身

無常之身——活出永遠的真理・生命

背負命運而活——順從命運而死

生命的獨立性——生命的共有、連結、悲、諒解

對死的恐懼——死的安樂

被賜與的生命——責任自負的生命

㈢出了問題的人類處世態度——提供解決的精神方向——

凡夫本色——佛的真相——託付、信

β污染的意識（受無明支配的煩惱所牽引）——α佛性（無明以前的事實）——不染污自覺的意識（以α為指標，β為批判標的）

即使同樣都是佛教，細分之下還是有真言密宗、淨土教、《法華經》教義派、禪宗等差別，各派又有自己的術語，論理的方法也不盡相同，可以說是十分複雜。

首先解釋佛教的基本「緣起・無自性・空」。這是自釋尊以來的佛教根本，其中「緣起」意味著條件聚集開始存在，「緣」指條件聚集，「起」是存在的意思。一切的存在都仰賴條件的調和，而條件是會不斷變化的，所以稱為「無常」。因為條件總是在變化，所以存在也變化，絕不能永久——當然其中也包括自己。正因為如此，所以不是為了自己的利益，簡直就是被賜與的，所以是「無我」。不為我的利益者稱之「無我」，所以說存在是違逆「我」的意志的東西。

「我又不是自己想生為男的才出世的，而是我生出來時就已經是個男的了」這句話充份驗證了存在是違逆意志的事實。同樣一句話若是改成以男性為出發點，則身為男性的我一事當然再合理不過了，但是在佛教眼中，即使是我是男性這件事實也一樣違逆了意志。至於死亡當然就更不用說了，也是違逆意志的，生病也是，所以佛教稱為「苦」，也就是說存在就是「苦」，是違逆人類意志的。反過來說，「心」則違逆存在而生成。不論是人類的欲望還是意志，都是違逆存在的真理形成的，這正好和「苦」的意義相反。我們的生命也好，存在也好，說穿了都是這樣的東西，而這就是佛所悟到的存在本質，也就是「佛性」。

談到「佛性」，不少僧侶將它解釋為具有靈魂、或是宇宙靈之類的東西，這是錯誤的，是受到亞洲民俗基層文化的影響。所謂「佛性」，意指有「緣起・空」的性質，小偷也好，殺人犯也好，一切的存在都是「空」。禪宗說得更過份，有人問「何曰佛」，回答道「刮糞木片而已」。中國古代不用廁紙擦屁股，而是以小木片刮拭，然後再將木片曬乾，因此當有人問「何曰佛」時，才會有答以「刮糞木片」的禪宗公案。因此可以這麼說，不管是小偷、殺人犯、甚至是狗糞，無一不是活在佛所悟出的「無自性・空」的緣起之間，而這就是宇宙，也稱「佛性」。萬物皆活在佛悟當中，而且這些都是早在我的利益、我的意識、我的煩惱以前就有了，所以是「不染污」。佛教眼中的宇宙本質簡單地說就是這麼一回事。

至於相對的現象——我們人類的存在到底是甚麼呢?首先當我們還是自然存在時，是無自覺的，對上述人類存在的本質是無自覺的。

其次，人的欲望是受到污染的，即妄緣起且不停地反覆——人類存在的第二種現象。在這個階段裡對欲望是有自覺的，對煩惱是有自覺的，但是對真理則無自覺。

再其次是迷惑。背叛朋友，背叛情人的罪意識，「我真不配做人」有了這種念頭就表示「迷惑」開始，簡單說就是分裂。本來的自己和背叛朋友、情人，私心作祟的自己開始兩極化分裂——這就是「迷惑」的階段，來自神、佛的召喚從這時起已經開始起作用。

接下來就是發心，人的意志開始主導積極地參加《聖經》研討會、聽佛經講解等具體行動。不過由於這個階段尚未達到十分了悟的地步，仍然必須時時輔以人類自己的說明加以解釋。

到了最後漸漸理解，開始脫胎換骨成為真正的人，自覺到悲、諒解及業（人的罪・愚昧的自己），學習接受自己存在的矛盾。能夠接受人類存在的矛盾——能諒解他人，意味著對他人的悲傷感到共鳴，對自己的罪也能坦然接受——也就是接受矛盾的階段，進而能將自己完全託付給寂靜。到此為止是有關人類存在的正確形態，接下來的問題是，佛教對人類的生命・人類的存在又是甚麼看法？

㈡見於人類存在之二面性中的柔軟性——佛教中常以矛盾的說法來描述同一件事，比如稱人的生命為「可厭之身」，又有鼻涕，又有眼屎的，小便還屯積在體內；這個禪宗稱之為臭皮囊、死不足惜的東西同時也是「珍貴之身」？佛教的說法是：是的。

然後又有「無常之身」，「說不準甚麼時候會死，也許馬上……」的說詞和「人類是永恒的」說法相對應。

再來是「背負命運而活」。我們每個人的確是背負著命運，即使是病痛也是命運的安排，不可逃開；但是一方面卻又要我們「掙脫命運束縛吧！順從命運，勇敢地迎接死亡」。

而即使是關於生命的獨立性，解釋的角度也是天差地遠：面對即將死去的孩子，父母親是一點力也使不上——可見生命是具有獨立性的。但是藉由生命的共有・連結・悲（呻吟）等事物，人類卻可以擁有彼此，「中元節時不可以捉蜻蜓哦，因為蜻蜓是祖先們的化身」從這句父母親申戒子女的話中所顯示出的思想是，生命乃是共同體的宇宙觀。這和佛教中一貫強調「眾人的生命乃是共有、連結之物」有著異曲同工之妙。也就是說「生命是獨立的」，但也是「共有的」。對於死亡也是一則說是「恐懼」，一則說是「安樂」。

對於我們生命的解釋同樣是說自己不能選擇，不過也說責任必須自負——為甚麼會有如此兩極的說法呢？

這就必須追究到佛教對人類存在的起源「緣起・空」的思想。看似矛盾的對立狀態，我認為其實正是佛教中的人類像。一面安身於「被賜與的生命・無從掙脫的命運」和同時又肩負責任一事，兩者之間絲毫沒有任何衝突。

之所以會認為不同的人完全是因為㈢人類的處世態度出現了問題，是因為我們的心所關注的事物有了偏差。

當我們說「凡夫本色」一詞時，意思是指污染了的意識。用術語解釋就是受無明和煩惱所支配的狀態，說得再完整一些就是「凡夫本色，當為迷惑」。

提供解決的方法是「佛的真相」，即佛的真理，早於人類利益以前的東西。在佛的真相之前——或說在神佛面前，人類將「我」完全拋棄，不以「我」為主張，一切如佛所說的，全心託付給神佛。也許有人會說這樣人類豈不是太沒自主性了嗎？我的回答是能夠將自己「全心託付」的行為，本身就需要非常強烈的自我，其中包含的是「信」。「可以託付神的我」——這中間透露出宗教自我的確立，而當中的行動者人類也沒有失去自己的意志。

至於這和器官捐贈又有何關連呢？「可以捐贈器官的我」——比方說「因為不忍看那人受病痛所苦，所以想捐出自己的器官」的強烈意志，就可以說成是將自己置於該真理之前，然後生成的現象。顯然，即使精神的方向不同，產生的現象不見得也不同，因此在判斷是甚麼影響人作出願意捐贈器官的決定時，要考慮的似乎不僅是宗教一個答案而已。

佛教的人類觀簡單地說就是具主體性的人類自覺，當然前提是必須對「緣起・無自性・空」等所謂的佛悟能全心託付。由於人類的意志對「死亡的接受」以及器官捐贈的態度具有決定性影響，如何考察出人類的意志因此成了必要的課題。

2 佛教的人類觀

探討這個問題有很多的切入點，然而本人所學有限，對於佛學僅能就自己熟悉的禪宗說話切入，這對專研淨土宗、天台宗、密宗的先進們而言可能稍嫌「禪味太重」，無法認同。在此先作個聲明，還請見諒。

接下來我想舉兩個禪宗問答進行說明，第一個是「蚯蚓斷成兩段」。

竺尚書問長沙景岑禪師「蚯蚓斷成兩段，兩頭俱動，疑哉佛性阿那箇頭」

師曰「勿妄想」

尚書曰「何以動」

師曰「只因風火未散」

一名曰竺的尚書問長沙景岑禪師（?～八六八），在田裡除草、耕作農事時，不小心將蚯蚓斬成兩段，兩頭都還在動，「疑哉佛性阿那箇頭」。阿那箇意思是「哪邊」，「佛性」在這裡指的是靈魂，蚯蚓雖然斷成兩段，但兩頭都還在動，那「靈魂在哪邊呢」。師曰「勿妄想」

——別去想那些無謂的事，事實就是事實。竺又問「何以動」——不是還在動嗎，怎能叫我不問。師曰「只因風火未散」。

「風火」指的是「地大・水大・火大・風大」，就是印度人講的「存在乃條件的聚集」。甚麼樣條件的聚集呢？「地」的條件是堅硬，「水」的條件是濕氣，「火」的條件是熱，「風」的條件是動，或說變化；這四種條件聚集的狀態稱為「四大」。大家在報紙上的訃聞常常看到的「某某大德因四大不調入院調養中，不幸於某月某日藥石罔效，與世長辭」，文中的四大指的就是前面所稱的構成宇宙的四大要素，或說四大條件。

因此「風火未散」的解釋就是：「緣起・命」既起於條件聚集後才有生命形成，所以在條件未完全分散之前，當然還在動。真是個非常明快的回答。

竺尚書是以中國人的想法提出問題，大約在八百年的時候，受到長久以來陰陽思想的影響，「神滅、神不滅論」各自發展出一套理論，人們廣泛議論肉體是否由精神所形成。其中可能有一派的解釋就是：肉體內有「靈魂」的東西存在，而靈魂則驅動肉體。所以當蚯蚓被切成兩段時，才會有「靈魂在哪邊？有靈魂在的一方才會動，沒有靈魂的一方不會動，靈魂應該只有一個才是，現在為甚麼兩頭都在動呢？」的疑問。對此佛教的解釋是「不是因為有靈魂所以會動。生命是源於條件產生緣起，緣起發生調和，因而才有了肉體。因為有肉體存在，所以精神才存在」。也就是一旦肉體消失，精神也無法獨存。聽起來很像是在高唱「虛無主義」，不過對禪宗而言，存在就是這麼一回事。

所以當蚯蚓被切成兩段時條件不會立刻就分散。即使是被切斷了神經系統，不少東西還是能繼續存活，人類也是如此。不是常聽說有人死後鬍鬚繼續生長、腦袋到最後還發熱的例子？所以正確地說，「人在死的時候是慢慢死去的，而不是一下子就『過去』。」死應該是個過程，是組成因緣聚合之物（條件調和後存在之物）的條件逐漸散去的過程。既然是條件逐漸散去的階段，尾巴和頭都會動是很正常的，就像是拿魷魚乾去火烤也會燒得霹哩啪啦亂動的不是嗎？簡單一句話，就是條件的調和。

有關生命的解釋，佛教的各派基本上看法都是相同的，也許演繹有不同，但中心思想一定一致。

接著是「大隨劫火洞然」。

僧問大隨法真「劫火洞然大千俱壞，這箇壞是不壞」

隨曰「壞」

僧曰「恁麼隨他去邪」

隨曰「隨他去」

同樣是發生在中國的故事。某天，有個和尚問大隨法真「劫火洞然大千俱壞，這箇壞是不壞」。「這箇」同現在的俗語「這個」，在這裡可以替換成「佛心」、「我」、「精神」，或是「靈」等。原文看似艱澀，譯成白話文後內容如下。

「大千」意指全世界，也就是「我」的全存在。千個世界聚成小千世界，小千世界聚千成中千世界，中千世界再聚千成三千大千世界。聽起來有些像是在講解宇宙科學的味道，簡單說就是三千大千世界為「我」的全存在，而死亡則意味著「我」的全存在出現崩壞。

「劫火」在《華嚴經》中有這樣的解釋：「世界以成・住・壞・空四法生成運轉」。成，指的是出生成長；住，指「成」停留的狀態；壞，崩解、枯萎；空，然後一切成空。宇宙的運轉法則就是這四法。

當壞開始作用時，萬物破壞死去就稱「劫火」起，原爆即是最好的例子。「劫」是印度話，意思是「無限的時間」，與全世界、全存在的意思相同。「火」是燒盡一切合財，即一切形體，同時也是壞的開端。劫火之後是「劫水」，全世界成了一片汪洋，流去萬物。跟著是「劫風」起，全世界刮起大風一切淨空。《華嚴經》中對事物崩壞的過程解釋大致如此。

其實不只是物質，人類也是一樣。首先人死後要入焚化爐，這是「劫火」，世界成了一片火海……。當然我沒進過焚化爐，雖然有過幾次在爐外誦經的經驗，對於爐內的詳細情形不能說是完全了解，不過原則上應該是這樣沒錯。談戀愛也是一樣。當戀情破滅時，怒火攻心的情形完全不下於身陷火海，還得藉「天底下又不是只有她一個女的」等的冷言冷語來冷卻自己的情緒，以求逐漸淡忘，這又和「劫火、劫水、劫風」的法則不謀而合。就連戀情破滅也是循此法則，可見萬事萬物崩壞無不是遵照「劫火、劫水、劫風」的過程進行——這就是經文中所說的「劫火」。

所以「劫火洞然大千俱壞」的意思就是，當我的肉體死去時，宇宙的一切所有也隨著我的肉體一起消失，至少對我而言宇宙是消失了沒錯。全世界成了一片火海，我的全存在崩壞，「那個」也一起消失——意思是「真理」也一併消失，或說「佛悟」、「佛命」、還是「靈魂」也一併消失。對民眾而言這並不是好消息，「希望在死後靈魂繼續存活」是大多數想法單純的人非常重視的問題，但是實際上靈魂這種東西卻是十分難以捉摸。我曾經在下鄉講習會時面對前來聽講的和尚這麼說：「靈魂是民俗佛教等混合宗教在談的，是錯誤的思想，真正的禪宗是沒有靈魂這種東西的。畢竟，從哪去跑出個靈魂來呢！」話才甫畢，馬上就遭到反駁：「老師，如果真是那樣，那你要我們法事怎麼做呢？」問他們此話怎講，回答：「不就是正因為有靈魂，所以才須要做法事的嗎？」真是令人為之啞然。

因為有靈魂，所以才要在喪葬禮上作法事？——可是不管喪禮也好，法事也好，原本不都是為了表達哀悼之意才進行的儀式嗎？而不應該是為了靈魂。何況就算真有靈魂，人類生活在地球上三百五十萬年的時間，到今天累計已經死亡的人，靈魂加起來怕不早已成患到了舉步維艱的地步！這實在是個可笑的想法。

不論如何，如果這個靈魂，或該說是真理……，總之就是維繫人類生命的靈的東西一旦不見了，對這些人來說，問題就大了。這就是大隨法真所說的「壞」。真理，沒了；我的全存在，沒了；我的肉體，也沒了；我既已死滅，則神佛於我當然全部都是烏有，我的意識活動也全部消失，這不正是「壞」的寫照嗎？僧不死心，又問「恁麼隨他去嗎」。「他」，指肉體；這句話的意思是「心隨肉體去嗎」，也可以說成「靈魂隨肉體去嗎」。隨回答「隨他去」；是的，不管是靈魂也好心也好，真理也好愛也好，甚麼也好，肉體一旦消失，這些也全不見了。回答得相當斬釘截鐵。可是「愛是永遠的」！有人如此反駁。說這句話的人私下的行為卻是，新婚三月不到就拿刀相向鬧離婚的，何來「愛是永遠的」呢？

憑空想像在靈魂、還是甚麼未知物之外仍然有個靈的東西可以使我繼續生長，這樣我才可以安心地死去——以如此的作法讓自己接受死亡是不正確的；條件調和了，人的生命自然就存在，而生命存在所以意識存在。說到意識，相信沒有比人的意識更靠不住的東西了。荷爾蒙一作祟，三心二意，前是後非是常有的事；或是受到條件調和的左右，原先的心頭熱火，下一秒就變成三月雪的也並不罕見。我們卻認為這就是所謂的「自我」意識。由此不難了解人們之所以會對佛教存有以上不正確的期待，完全是因為人們太過受物質支配的緣故。

一提到「物質與精神」，不少人馬上就會連想到「科學與宗教」，說些：「宗教講述精神的存在，相信永遠的精神」之類的論調。事實上並非如此。佛教所講述的精神是，「我」體認到即使是我，也不過是荷爾蒙堆砌出來的事實，在有生之年裡我都將牢記，並且相信這個事實。而在這樣的前提之下，「我」擁有愛人、被愛、確認並喜悅彼此愛情的精神活動，因為這並非憑空想像，所以是永遠的精神活動。也就是說我的愛慾、覺悟等都是由於荷爾蒙構成的條件有了調和之後，才得以生成。如此一來我們可以清楚知道，佛教基本上認為物質和精神的價值是相同的，是同等級的，而將物質和精神視作有高低之分的人，則是以人類的欲望作為出發點，如果純粹站在論理的立場，他們就會發現精神和物質是同一等級、同一物的。亦即真正的佛教基本的人類觀・生命觀，其實就是「身心一如」。

這也是為甚麼禪宗每次在寫到「身心一如」時，一定是先寫「身」再寫「心」，因為這才是正確寫法，不過大多數人還是從「心」先寫起；有位醫師就曾說：「佛教說身心一如，好像是在說靈魂棲於肉體之中……」，那是誤把民俗佛教當成佛教了。也許有些人會不以為然地反駁：「那只是禪宗的說法，淨土教不是這麼講的」。但如果真正追究起來，不管是淨土教也好，還是親鸞聖人，講的其實都是同一回事，只是他們不以它為一種教育手段罷了。

淨土教所用的教育手段，基本上就是要讓人們相信未來。因為體認到「人類不可能徹底覺悟，要讓人信佛的唯一方法，只有建立一個死後淨土」，所以有了到另一個世界轉生投胎的說法。但即使是這樣，我個人以為淨土教的教義中還是隱藏了同樣的中心思想。以上就是佛教對存在論・人類論的解釋。

3 道元的生死觀

在《正法眼藏》「生死之卷」中如此寫到：

㈠ 佛居生死中則無生死——生與死的現象如果從佛的角度思考，就不會認為生死只是一連串的苦痛與煩惱而已。

㈡ 生死爾爾。涅槃存心則生死無厭——病痛乃是佛悟的顯現，緣起只是生命存在的正確形態。

㈢ 佛法之中，生即是不生——生命，又稱不生。「不」指生以前的事；欲望、得失，乃至於恐懼心都是出生前的事。

滅即是不滅——一個人在面臨死亡時，前提一定是以活著的自己為主體思考，所以死亡同時也意味著恐懼；這當中忽略了一項事實，就是，害怕活著的自己消失的恐懼心所害怕的東西，根本是早於恐懼心之前的純粹事實。既是緣起的生命，死的時候到了自然就該接受。死的問題跟恐懼無關，無端的是人類自己視為恐懼。

(四) 生死即是佛命——當中自有佛力的顯現。

另外，在「全機之卷」中也這樣提到：

無他，生也全機，死也全機現。

「機」是能力、作用的意思。一個人生病時，其全生命力以疾病的形式顯現，或說佛藉疾病的形式全力顯現。相同地在死亡的當口，藉由死的形式不管是死者的一生，還是佛的正確形態也得到全部顯現。

「行佛威儀之卷」則如此形容：

大聖將生死託心
生死託身
生死託道
生死託生死

這是句名言。「託心」的意思指託於佛心；「託身」指純粹託付生命，不起恐懼心；「生死託道」則意味著佛的正確形態，也就是人類的正確形態；「生死託生死」則是——承認生死的事實，然後全心託付給人類存在的事實。這些就是禪宗的生命觀。

禪宗認為，論斷人類時不能以「物質」「精神」作二分法，思考事情時應以恐懼心等不純物未加入前的階段為前提。然後在這樣的基礎上，現實中的我們接受生病的人們以及生病的事實，且只有選擇接受一途。

再回到佛教對人類何時取得人的資格的問題上。首先，人類是會思考的——也就是說人類是由於「我」的身分認定成立而成立。因為「我」就是「我」；比方說，人類殺牛殺馬並不構成犯罪，但殺人就是犯罪，因為殺人代表的是對人類存在的否定；所以說唯有承認人類存在的人才會被認同，進而推理出從受孕初始，人類的資格便已確立。今天的日本佛教界不但不反對墮胎，任由墮胎運動發展在前，又以嬰靈威脅在後，佔盡所有便宜，實在是不負責任的作法。墮胎原本是件完全殺人的事，現在不把墮胎視為殺人，卻將胎兒當成了物。

第二個問題是生命到底是甚麼——正如前面提到的，生命是條件調和後的產物，是佛悟的顯現，是無法做價值判斷的東西。如果佛教對此做了價值判斷，例如這個是尊貴的生命，那個不是，如此一來佛教的立場又將何在？這是個「絕對」的問題。「絕對」的意思是沒有比較，其中「對」是比較，「絕」是超越比較；重度殘障兒童和對社會有貢獻的人，誰有權利決定哪方才有資格活下去？當然絕對沒有人能夠。純粹視每個人為絕對的個體，這就是佛教的生命觀。

至於生命操作又該如何解釋？所謂的生命操作是指完全不包含人類的意志在內，這一點是不論在佛教的宇宙觀還是天主教的羅馬教宗都很少提到的——。

「死」的意義正確說應該是「緣」盡。個體的死就是緣盡。如何把「緣將盡」視同「緣已盡」作為腦死判斷的依據，當中需要的是社會的共識；不管社會上對緣盡了的認定是心臟死還是沒有瞳孔反應，或者是腦死，總之目前的社會規範了一切。而佛教對死的認定在腦死階段時，是否著眼於因為理性消失，所以人的資格也不存在呢？這句話對死者的親人來說可能就第一個不贊同。首先，躺在那裡的是我父親這件事是千真萬確的。對死者而言或許可以說「自己的心消失了，所以自己也不存在了」，因為佛教認為在精神層面上，人類的意識等於人類的存在；但是對於家屬而言「那個人是父親」，這句話又顯示了死者是擁有人格的。所以唯一能夠確定的是，腦死的判定問題只能因人而異。

現在假設有個狀況適合進行器官移植或是作腦死判定的病人，面對家屬提出「看他這樣只靠機器勉強活著的模樣實在痛苦，請醫生拔掉呼吸器吧」的要求時，試問該如何回答？最恰當的解釋是：佛教強調「精神的正確形態」，認為當「我」做出如此決定時，完全是出自純粹、非自私、必行的覺悟到「那個人在受痛苦，我想幫助他」的心態使然，所以才興起捐出器官的意志。除了作此解釋外別無他法。

也因此，對於那些排斥的人也不必勉強。「眼睛一旦被拿走的話，奈何橋就過不去了。」對會如此質疑眼角膜捐贈的人而言，這就是他的宇宙觀，如果明知如此還要他違背自己的意志捐出器官，是件不合情理的事。畢竟再怎麼說，那是個人的意志，也是純粹的意志，真要說有問題的應該是，讓他形成如此意志的社會倫理·社會系統出了差錯。這是我對器官捐贈所作的回答。

七、對死者的看法與「自己的死」

最後再將「死亡的接受」作一次總整理。由於這些都是在傳教現場會遇到的問題，如此再作整理的好處是，可以幫助僧侶方便以簡單明瞭的方式述說佛理。

首先是，在「死亡的接受」議題中人們對「死」所採取的正確形態的整理，採用的資料姑且先以我未成熟的研究作參考。

第一個問題是「他人的死」。「他人」指的不是完全不相干的外人，而是家屬的意思，探討的重點擺在人們對此的應對態度上。分離就是一種。「分離」——中公新書出版，小此木啟所著《對象喪失》一書中這樣寫著——正意味著喪失對象的恐懼，即害怕失去。

第二個問題是「愛的確認」。當被迫必須正視死亡時，家屬常常最感困惑的是人際關係的連結。因為「愛」這東西太不安定，所以驚慌的程度也就更甚，以致使得恐懼心轉化成靈魂的觀念。愛愈是不足的人愈是會害怕死者，這點在我們的調查中已經是獲得證實的事。亦即，如果要消除對死者的恐懼，首先就必須讓愛得到滿足。

第三個問題是「回憶」。「回憶」指的是父母親在「我」的存在意義中所發揮的作用，而死者則帶有「我」的存在意義。「我」的存在是父母親賜與的，所以藉著祭拜「先父亡母」的儀式同時，一面也進行「自己」確認。也就是說，死者之於家屬，就像「回憶」的形式之於自己的意義確認。

第四個問題是「我」的生命的意義及家人的意義之確認。人們藉此形式獲得身份的認定。其次是有關「自己的死」的部分，同樣地在前面已經提到過了，現在只是再作一次整理。

(一)　對苦痛・未知的恐懼——這個問題，很早以前佛教就有很多人研究過了。

(二)　死者觀點的「對象喪失」。和前面一樣，都是害怕失去的心態。害怕失去家人、財產、自己的自尊心——失去這些則意味著孤獨，因而轉化成對長生的願望。

(三)　「自己存在的意義」消失不見。在這裡整理了幾則「關於死的故事・名言・名句」以利進行說明。

①　人類乃必死之物——的了悟。這是切身的問題。記不得是十返舍一九還是蜀山人曾經說過：「到昨日還以為是他人的事，一想到自己也將死就唏噓不已」的名言。昨天為止還是他人的事，每個人都知道人會死，但是常常忘了自己也是其中一位，因此讓自己接受自己也會死的原理・原則是很重要的。但是恐懼又該如何迴避呢？

②　藉著「傾全力於生」來迴避死的恐懼，理解及接受死的意涵。東京大學的岸本英

夫先生在《凝視死亡之心》一書中也有提到這一點。

③經由死亡的對照，進而接受自己生的意義——有關這項人生正確態度的小故事．名言非常多。接受生的意義並充足之；將活著的意義加以發揚；善用剩餘的時間等，講的就是這個階段……。

④於是得出「達觀生死」的正確態度。達觀自己是必死的事實，然後才有下一個⑤「託付」的階段。我個人認為和「達觀」相較，「託付」的層次更高。在民俗性的作法中⑤是以「來世」的觀念呈現。例如，良寬的辭世之歌：

若問何為身後物，春之花，山杜鵑，秋紅葉

其中所陳述的概念就相當雷同。

「自己的死」議題經過如此逐步探討後，明顯地，存在論也在無形中起了變化。

（曹洞宗教化研修所講師）

心臟移植與腦死

和田壽郎

一、受爭議的醫師資質

主辦單位給我的題目是醫療與宗教，要我針對心臟移植作些個人的觀感，所以在此我打算以一些平常的想法加上臨場想到的話題來進行這次的演說。醫師，以前常被戲稱作臭屁醫師，當然現在這種醫師已經沒有了，這多歸功於日本的學校教育做得好。學生在校的素質好不好這我不敢打包票，但畢了業，取得學士學位，通過國家考試取得醫師執照後，水準愈來愈好這倒是個事實。醫師又有從外觀症狀看診的內科醫師和確定病症後果斷下刀，切開人體察看內部的外科醫師之分。不過要我來分的話，切開人體察看的外科醫師應該是內科，怎麼說呢?因為他主要是從內部作診斷，而真正由外部看診的內科醫師，實際應該更符合外科醫師的說法才是。我就是這樣一個偶爾會作些奇怪想法的醫師。

將醫師分成這兩大類，其中外科醫師負責切開人體。普通的人即使是稍微傷到他人的手指頭，二話不說馬上就構成傷害罪，但是醫師則不同，因為醫師領有執照。患者是在了解並同意此一正當理由下進行的，所以犯罪並不成立。運氣好時，甚至可能收到來自病人的招待。在這裡就可看出醫師執照究竟發揮了多大功效，其重要性不言可諭。

不管是曾在戰爭中當過衛生兵，長期做過醫師的助手；還是當過一段長時間的護士，自認憑經驗累積不會輸給專業醫師，但現實中是只要沒有醫師執照就必須受罰。內科醫師也是一樣，必須領有執照才能為病人看診，只是外科醫師的情況較特殊，因為沒有執照明顯就構成傷害罪。但是，萬一醫師不小心犯了錯誤的話怎麼辦？在我國，個人開業的醫師一旦出了事，只能自求多福；所以千萬不能被患者告到法院，辛苦了一輩子的事業如果無法獲得病人的諒解，案子又告輸的話，一切就都完了。也正因為如此，只要是個人開業的醫師，幾乎每個人都投保了巨額保險，這種現象在歐美尤其明顯，不過在日本可能是無法想像。

日本和外國最不一樣的一點是，在日本只要是在國公立大型醫院工作的醫師，不論是出了任何差錯，尤其是國立醫院，國家都會代為接受處罰。但是在歐美，就我所知不管是在州立醫院還是公家機關，受處罰的都是負責執刀的醫師個人。也因此，即使是在公立醫院工作的大學教授一旦出現業務過失，他都必須和個人開業的醫師一樣，從自己的荷包裡掏錢出來賠償；所以在歐美，就是連大學教授也是百分之百為自己投保。每天在生死一線間操刀的醫師，一旦出了錯，其下場就是賺的錢常常還不夠付保險費；人們對操刀的醫師要求這麼嚴苛，與此相比，我國的外科醫師，連同內科也是如此，反倒是愈在大型醫院，所須負的責任就愈少。大醫院的醫師服務態度不好，是時有所聞的事，對醫師本身來說這當然是無所謂，但卻會令患者感到不安。原先以為醫師素質好，醫院又氣派，在走廊等個三十分、三個小時也就算了，看診的時間卻不到三分鐘，三十秒就結束的也不稀奇；再不然就是由才剛走出校門的年輕醫師主診等等，相同的經驗想必大家都能隨口說出好幾個。

常有在日本的外國患者跟我說：「日本的醫師二、三分鐘就看完一個病人，這在我國醫師這樣是不行的。」不過這在日本卻是醫師的通病，由此看來日本真是個不可思議的國家。受到國家保護的健康保險，有好處也有壞處，這在日本可能感覺不到，但是人一到了國外，有過國外醫療經驗的就不難了解。不時在報紙上可以看到這樣的新聞，說是在國外的醫院裡，因為由醫師那裡得知自己得了癌症，所以才能夠事先在死前的最後一段日子將故事寫下，對此自己感到十分幸福。也許這麼一說在場的各位有印象也說不定。

現在換個話題，來談談關於心臟手術、外科等的基本概念。不過在那之前我想先提一下自己一路走來的歷程。今年是我成為外科醫師之後第四十九年，如果從進醫學院算起，到明年就滿五十年了。從一開始的日本帝國大學、國立大學，再渡海到美國，歷經明尼蘇達州立大學，俄亥俄州、哈佛私立大學等三所學院；然後回國到札幌公立大學針對心臟胸部外科，設立日本首創的胸部外科講座；隨即又獲美國邦德比爾（譯音）邀請，擔任一年的客座教授。邦德比爾是一所以促進黑人與白人和諧共榮的大學；之後又回到日本札幌醫科大學擔任教授，一待二十年，獲頒名譽教授頭銜；直到最後在東京女子醫大任職十年的外科主任教授為止，前後總共經歷了九所大學醫院，終於在去年辦理年滿退休。第十所大學的邀請聘書也沒再出現。

現在我的工作是在有樂町站前一棟視野良好的電氣大樓中，其中的一家有電診所裡看診；同時也在赤坂醫院專門為我成立的「和田壽郎紀念心臟肺研究所」裡，從事主要心臟、肺疾病患者的治療；再加上另外也為滯留東京的英國人做些國際醫療等，每天的日子過得十分忙碌。事實上，明天一早我還得飛往曼谷，因為晚上在曼谷有場預定的特別演講。原本以為退休之後日子會清閒下來，沒想到卻依然過得一樣忙碌，實在覺得非常慶幸。

二、大學紛爭所催生的劃期性療法

現在再把話題轉回到心臟的事情上。

心臟病分成出生時即有了的心臟疾病，和出生後才得的後天性心臟病兩種。根據醫學教科書的記載，在本世紀初凡是對心臟動刀的醫師都將被從醫師名簿上除名；但是不到十年，為了醫治一位心臟受損的病人，一名由主筆醫師所訓練出來的學生不惜替這位病人做了縫合手術，這當然使得他的老師大為光火，但是這位學生日後卻受到來自全世界的感謝。這名醫師叫做雷恩（譯音），後來成為一位非常偉大的醫師。

第二次世界大戰時日本不幸戰敗，不少人為此犧牲了寶貴的性命。前些日子，皇太子到沖繩的時候，一些心存不滿的沖繩當地人發動示威，目的就是為了抗議大戰末期整個國家將沖繩當作犧牲品，任由美軍佔領了數年的怨氣，當時東京街頭還因此到處站滿了警察，相信大家對這件事都還記憶猶新。第二次世界大戰的主要戰場在歐洲，當時有位名叫查契爾（譯音）的人因為感染上肺炎，經過服用了在研究室裡偶然發現的盤尼西林抗生素之後，病情立刻痊癒；這種藥物馬上引起了全世界的矚目，開始用在前線的士兵身上，因細菌而引起的感染也從此一掃而空。同時還有一項革命性創舉，即為了克服出血的問題，事先從健康人身上採集血液以備不時之需的血液銀行——大量輸血，也是始自於第二次世界大戰。

開胸術也是如此。任何人只要一打開動物的胸腔，噗嘶一聲肺馬上就會扁掉；而一顆射入胸口的子彈，對胸腔所造成的破壞力當然也是立即的。克服這個問題的答案其實在一九一三年時美國已經出現，但是要真正地普及，則還是得靠第二次世界大戰的強力推波助瀾才行。手術是利用將受傷士兵的氣管切開，塞入導管後再灌入氧氣讓肺即使在胸腔被打開的狀態下也不至於立刻扁縮；使用這項手術最多的是英國的年輕軍醫官，主要用於歐洲戰線的士兵身上。有了抗生素和大量的輸血、輸液，以及可以安心地打開胸腔的條件配合下，當時一名年僅三十歲的美國哈佛大學畢業生，名叫何肯（譯音）的年輕軍醫官，創下了打開一百六十三個人的胸腔，在取出嵌在心臟的子彈之後，仍然能夠保持零死亡率的輝煌記錄。

這些技術隨著日本的戰敗、終戰很快地傳遍全世界，可惜當時我國仍然維持著戰前的鎖國狀態，持八紘一宇的世界觀，視美國、英國為敵人，英語則是鬼子說的話嚴格禁止使用；不過有趣的是，雖是這麼講，當時小老百姓叫馬倒退時所使用的音「拜其」，其實就是不折不扣的英語back。也就是說當時儘管小老百姓可以自由自在地在日常生活裡使用英語，但知識份子講英語就不行，一定會被罵作鬼子。之後戰爭結束，麥克阿瑟將軍帶領美軍進駐日本，在各地大舉成立軍醫院，日本的大學教授親眼見證到原來傷口感染不用化膿就能治好，肺炎也是立刻就能治癒的疾病，而且即使不小心碰到了傷口也不會引起化膿等等想都沒想過的事情，這使得他們大為吃驚，難以想像日本究竟落後新的醫學技術已經有多大一段距離。

類似這樣的事情，即使到現在還不時發生。最好的例子是，大家到國外旅行時如果有捐血經驗的就知道，一次通常是四百ｃｃ左右，比在日本時多出一倍。前一陣子法律正式通過了四百ｃｃ的捐血標準，但一般的實際採血量仍然維持只有二百ｃｃ。原本是效仿基督為人類捐出血液的奉獻精神，在已經完全現代化了的日本，其現況卻是即使有了法律的許可，依然只容許世界一半的捐血量。諸如抗生素、大量輸血、大量輸液以及送管麻醉等嶄新的概念陸陸續續傳入日本，結果當然是吸引了對新知識飢渴已久的日本醫學界拼命吸收，應用；鏈黴素、卡那黴素等不斷被研發出來，新技術也不再被認為是遙不可及的事。只要有了起頭的概念，醫學就有不斷的可能性，即使是一顆子彈卡在心臟裡，也不是甚麼治不好的病。就在大戰方酣，日本毫無覺察的情形下，一項又一項的近代醫學在外國的戰場上逐步地被開發出來。

如此一來，心臟中的瓣膜也應該可以治得好才對；為了外國書上的這麼一句話，當時我雖然已經拿到了博士學位，但仍然秉著初學者的心態到國外學習。當時的日本還只是個窮國家，新的儀器，比方說人工心肺……等裝置是買不起的。我藉著長年滯美的父親的關係以日本第一號occupied Japan，占領下的日本護照渡海到美國，當時還僅是個年輕的小伙子，然後在彼岸做了幾年的心臟手術之後回到日本。原先是打算在美國永久居留不回國的，結果改由我唯一的弟弟取代我留在美國，成為美國的腦死判定委員。這整件事只能用一句英語來形容，就是irony；幸好我還有「和田speech center」的成就獲得世界認同。弟弟當然是喪失了日本公民權。身為哥哥的我則回到國內，針對心臟議題，今天另外還有腦死的問題要談，此時此刻的心情老實說，真有種想大喊ＮＯ　ＮＯ的衝動。

總而言之還是回到了日本。記得回國後印象最深刻的就是，看到路人撿拾地上的煙蒂然後插上牙籤，隨即就湊到唇邊也不怕燙傷似地吸將起來的畫面，聽說日本人擅長接吻就是這麼來的；到了今天，計程車司機也不管自己所從事的是服務業，大喇喇地吞雲吐霧就任由坐在後座的乘客吸入二手煙。日本文明開化已有百年，新加坡也不過一百三十年，但如果到新加坡看看就知道，整個國家全面支持禁煙，整棟飯店實施禁煙也不在少數。

日本的ＪＲ是由Ｊ和Ｒ組成，既不是日語也不是英語，據說唸作將古利希（音譯）。ＪＲ列車上設有禁煙車廂，不過是附有煙灰缸的禁煙車廂；委實是令人稱謝、體貼入微的作法。國外的情形是，凡標示有禁煙的地方，就絕對看不到有煙灰缸；實施禁煙的房間，就一定是設在建築物的上風處。反觀日本，不管有禁煙沒禁煙，多是立了個牌子虛應故事；醫院也是一樣，到大學醫院走走看看就知道，我在大學待了四十年最是了解，設禁煙室時還考慮到風向問題的大學醫院至今一所也沒見過。

說完了許多日本目前仍落後不前的事例，再回頭想想當時貧困但很努力模倣的日本，非常努力地模倣外國的優點。女人們馬上就學會了穿胸罩，結果是胸部的形狀美好，從外觀再也看不出已婚還是未婚。胸罩對女人而言，是決定能否獲得幸福結婚生子的必要之物；昭和十九、二十年當我還是個年輕醫師時，不少年輕太太因為乳房腫大，罹患乳腺炎前來看診。雖然不忍，但要治療就必須在乳房上切開兩個洞再蓋上紗布，直到膿流出之前都用繃帶固定好，所以又稱作提乳帶；我當時為了繃帶的綁法還下過一番功夫，那就是今日的胸罩。自從胸罩傳入之後，產後乳房淤血的狀況開始有了很大的改善。即使是生了小孩也幾乎不會得到乳腺炎。以往醫學利用繃帶提高乳房的作法，和今日女性穿在身上的胸罩，效果完全一樣，這也是為甚麼今日的女性變得比以前美麗，能夠永遠保持處女身材的秘訣。

在我返回日本時，也遇到一個問題，那就是在哈佛大學長期使用的心臟機械在日本根本沒有。如果要向美國購買，在當時幾乎是不可能。外國使用的材質是不鏽鋼和硬質玻璃，但問題是不易加工，苦思許久之後，結果決定了採用較易加工的銅，不過首先必須克服銅對血液中紅血球的破壞，也就是溶血現象；最後靈機一動，想到電鍍法也許可行，只要在外層鍍上一層鎳，溶血就不會再發生。這是我在鄉下的札幌大學地下室裡所想出來的。

當時，日本製的東西還被稱作廉價品的時代，我將自己製造的裝置「和田式人工心肺裝置」送到美國哈佛大學，獲得正式應用在患者的心臟手術中，這對我而言是莫大的光榮。貧窮的日本向有錢的美國輸出鍍鎳製品，並且實際用於美國人的開心手術上，不禁教我有說不出的感激。

日本曾經是developing country，低度開發國家；而現在呢？說句玩笑話，面對吞雲吐霧的人而不做任何抗議，毫不介意地吸入對方吐出的二手煙，像這樣的日本不能說不是低度開發國家。在今天的非洲等地方還有不少的低開發國，可以幫助這些國家的東西充斥在日本大街小巷裡，但是現在的日本人卻是左手消費右手就丟棄，不斷地追求新奇的東西，給人一種只追逐表面的印象。

在先天性心臟病中最引人注目的是剛出生的blue baby，全身發紫的小孩。生出這種小孩的機率不低，若真要醫治，用人工心肺是非常危險的。當時，如同前面所提到的，日本的大學教授專會說漂亮話——現在也是一樣——打開胸腔看看，照著以前洋鬼子教的手術方法做，讓小孩哭一哭就沒事了；如此的作法引來大學的年輕學生對日本大學以及大學教授的不滿。

在國外，大學紛爭通常起於文科系，在我國則是由醫治患者的醫師發起，這在全世界是非常罕見的；大學紛爭起於醫科大學的，全世界我想大概也只有日本了。年輕的學生、醫師發動抗爭，最後把自己的學校也給放火燒了。

當時，這一群苦於無法幫助重病病患的京都大學年輕醫師及學生，首次嘗試將患者用冰塊降溫，然後再進行心臟手術，得到的成果是，不但修補了心肺的缺陷部分，手術也十分安全，這項醫學貢獻可以說都是拜日本的醫學法所引起的大學紛爭之賜。由於當時大學設備全部付之一炬，手術只好假小醫院進行。基於小孩比大人容易冷卻的原理，又稱京大式低溫法，是全世界初生嬰兒在進行複雜的心臟手術時所必須採用的技術，身為這項偉大技術的提供國日本人民，實在是覺得十分慶幸，卻也深感其中所含的複雜諷刺性。

如此，繼冰鎮、低體溫法，以及人工心肺完成後，醫學可發揮的空間就更大了。這裡是一張三歲大的小孩實施開心手術的照片，心臟中央原本破了一個洞——心室中陷缺損——，利用綴片修補後，閉合完成的情形。自從第一個將破洞以綴片填補、縫合，使小孩恢復健康，手術後氣色更好，可以擁有幸福人生的手術完成至今，已經過了三十個年頭。

三、心臟病與人工瓣的發明

有了前面的基礎，接下來的人工心肺時代也開始稍微有了色彩。小嬰兒的心臟病主要是先天性疾病，今日的醫療是有治癒可能的就盡量醫治，實在是沒辦法的就只有做心臟移植一途；目前該心臟移植的病例已經累計有幾十宗案例，不久前才有個出生後三天大的嬰兒接受了心臟移植手術，到現在還活著。另外考慮到大小尺寸的問題，研究從最接近人類血液的狒狒身上摘取心臟的可能性也在進行；人類心臟移植的歷史最早要追溯到二十六年前的美國密西西比，當時首次植入狒狒的心臟，包括隨後在開普敦進行的四到五個案例，所採用的同樣也是狒狒的心臟。

因此現在的課題是，如何從最接近人類的高等動物身上，即從猩猩或狒狒身上取得可用的心臟，並且克服血液的排斥反應。在此同時如何大量生產，製造出和人類雷同的動物的可行性也已在進行當中；除此之外也可以嘗試在嬰兒尚未出生，還在媽媽肚子裡的時候就先做診斷，加以醫治。

今日簡稱echo的超音波診斷法非常發達，只要知道小孩子心臟那裡破了一個洞，馬上就能對母體進行帝王切開術，打開子宮，將嬰兒連同臍帶移至體外，當場切開胸腔醫治心臟。如果病情嚴重沒有治癒的把握，也可隨即實施人工流產；有機會治好的嬰兒則當場進行治療，手術完成後再放回子宮，縫合母體腹部以便將來以正常分娩方式產下。這些都是早已經在做的實驗。

另一宗和這幾乎完全類似的病例報告是，胎兒經過診斷確定為心臟疾病嚴重，於是決定在母體分娩過後三個小時立刻進行心臟移植，和前面在母體內動手術的情況稍有不同。今天年輕一代的情形是，先考慮對方有多少薪水、退職金、加上自己的工作所得等一生的收入全部列入計算，然後再來決定要生幾個小孩；也就是說，一旦這些在計畫中出生的小孩其中一個或兩個不幸得了心臟畸型，父母親的重視絕對是遠超乎想像的。小孩的存在成了貴重物品之後，醫師面對家屬執意的請託，即使手術的風險再高也都必須做。如果是可以完全治癒的心臟畸型當然沒問題，但很多都是根本無法完全治癒的嚴重畸型，其中大約有一半的小孩治不好，不少手術充其量只是達到延續生命而已。

戰後的世界有了大大的改觀。記得我剛從美國回到日本時，每次一走到病房就有跳蚤、蝨子鑽入長褲內側，讓人癢得受不了，直到後來ＤＤＴ的出現，這種情形才消失。這麼說來，世界上的細菌也幾乎全部滅絕了；就連傳播細菌的蒼蠅最近也變得稀奇，給小孩們見識蒼蠅的長相時，聽著他們用童音發出「蒼蠅」二字，心裡感受相信和我們那一代一定是不一樣的了。

先天性心臟病的發生率為百分之〇・三，這表示每有一千個小孩出生，當中就有三人罹患心臟病。日本共有八十一所大學，光是在東京就有二十四所大學，如果連大學附屬醫院也一併算入，則東京近郊有將近三十所大學醫院。小孩出生數目減少後，嬰兒的先天性心臟病教學馬上成為棘手的事，醫師即使具備醫學常識，卻不見得有實地見習的機會，這也是現在日本在醫師養成教育上的盲點。以全體人口來看，小孩的疾病如果有一人，大人的疾病則為四人，這還是前一陣子的數據，現在的情況應該是一比七。

繼續再來談後天性心臟病。入院人數如果有一百人，當中至少有五到七人可以確定得的是心臟性疾病，可見大人的病例的確比較多。河流一彎曲，起彎的地方河水一定聚集，以心臟病來說就是形成血栓；比如，因風濕症引起的心臟瓣膜症中的血栓現象，就是因為血流改變才形成的。心臟收縮將血栓沖激到血流之中，隨即流入從心臟最容易進入的血管，也就是進入從人體肩頭往上走的無名動脈入口，然後嵌入右腦的血管中，導致該部份出現腦缺血現象。由於人體的左右腦主司的領域相反，血栓一旦進入右腦，左腳就會出現障礙；所以，如果看一個人前一陣子走路還挺正常的，不出幾天就開始拖著左腳走，光從這一點就可以作判斷，八個人裡面有七人是因為心臟出了問題而引起腦病變。

要醫治瓣膜的方法有，直接打開人工肺檢查，然後再想辦法修補瓣膜。但是如果實在是修不好時又要做甚麼補救？唯一的辦法是瓣置換手術。哈肯（譯音）在一九六〇年首次嘗試人體心臟瓣膜植入成功，敝人曾經受教於這位醫師門下，是位教學非常嚴厲的老師。當時我的英語程度已經算是相當流利，但在這位老師的指導互動下，最後甚至連字典裡最不常用到的單字都自然地脫口而出。這裡有張幻燈片，在心臟血流中可以看見一顆球狀物那就是哈肯瓣。至於我在札幌時所想出來，針對干擾血流而設計的形狀扁平、斜置的瓣膜，則是後來獲得世界好評的「和田心臟瓣」。

在此稍稍離題一下：在外國，親密的朋友之間，即使是長輩也一樣習慣以first name互稱，日本在這方面是個講究形式的國家，如果稱呼長輩為「壽郎君」是件很失禮的事，不過最近的小孩情況則稍微有些改變。總之，當我拿著這片瓣膜在美國的學會上發表完後，贏得在場人士大力稱讚。美國的友人有的誇我：Jerry（壽郎）想出的瓣膜真是好，可以給我家的老婆當耳環用，至於這個（哈肯瓣）就太重了，耳朵會戴痛的。其他還有些友人則形容像是沖水馬桶的蓋子。

在今天被使用最廣的人工心臟，其中的基本構造設計者所來自的國家，不是別國，正是日本。一九六九年，距今十九年前，世界上第一起人工心臟移植在休斯頓展開。有病的心臟雖然被取出，但卻發生提供移植的心臟趕不及配合植入的窘況。正好當時，因為使用了和田瓣而首次獲得臨床實驗成功的人工心臟已經問世，有著四片和田瓣的人工心臟於是順理成章地在全世界第一次正式植入人體，直到六十四個小時之後，由腦死患者處取得合適心臟，人工心臟才被取出。當時取出的人工心臟現在還陳列在美國的斯密索尼亞（音譯）博物館，上面標示著世界第一顆人工心臟，其中當然也包括了由日本人構思出的四片瓣膜。

四、人工心臟移植的苦難之路

最近報紙上時常出現談論人工心臟植入的新聞。文中提到的人工心臟是在二十年前，由美國一位猶他大學教授，柯夫（譯音）特別針對人體使用而研發設計，其基本原理和前面所說的有著四片和田瓣的人工心臟相類似。結果就如我事先的預料，血栓症一再地發生，諸多臨床實例都證明這枚人工心臟不能持久。美國政府在經歷了這麼多次人體實驗，以及不幸的犧牲後，終於在去年做出不再對永久人工心臟研究小組提撥經費的決定，人工心臟將只作為銜接捐贈者的心臟出現之前的應急用途。我從一開始就不贊同有永久的人工心臟，美國人終究也是人，從開始到徹頭徹尾死心為止整整花了十七、八年。

機械人工心臟瓣用錢就可以買到，人工心臟也是，如果真的可以製造出一枚好的人工心臟，舉凡腦死、捐贈、排斥反應等就不再是問題，這當然是再好不過的事，然而目前的時機還是應以自然為佳。理論上，自然的心臟瓣膜可以直接從死人身上摘取，不過當現實是連整顆心臟都無法獲取時，更遑論如何摘取其中的瓣膜了。所以就有人開始研究和人類相似的動物瓣膜是否可行，包括馬、牛、以及豬的心臟瓣都事先以鞣皮原理處理過，再實際用於人體，名為活體瓣；不過有個最大的缺點是不耐久，後來也就漸漸地不被採用。

到頭來代用瓣還是以機械瓣為主。由於機械人工瓣會在人工瓣四周產生凝血現象，使用機械人工瓣就意味著一生都必須服用抗凝血藥劑，另外還須擔心月經出血量、腦出血量會增多，以及突發性大出血等如影隨形的致命併發症，如何能研發出不須要接受抗凝固療法的人工瓣，這是目前緊急的課題。

我在明尼蘇達大學就讀時有個小我三年級的學妹，名叫芭娜多（譯音），來自南非開普敦——一個令人驚嘆的美麗文明的地方。從前美國女孩眼裡最理想的定居之地除了美國，第一位是南非的開普敦，第二位是澳洲。非洲不是只有日本人腦中認為的一種模樣，除了黑人的非洲外，還有白人的非洲——在開普敦這個城市，二十年前已經有了double心臟移植臨床手術。手術的原理是：一個壞掉了的話就再給一個；即保留不好的心臟，再植入第二個心臟。

世界首創心臟移植後的排斥反應抑制研究的人名叫寺崎（譯名），是位日裔美國人，現居加州。這個人是研究抑制排斥反應的血清、組織適合性測試血清的第一人；我取得他的研究後也自己嘗試製造相同的血清，當年在日高海岸邊眾人合力讓馬臥倒，拿著兩根棍子用力壓住再從馬脖子處取得血液，這就是當時的照片。照片中的馬被我們用馬到成功的信念一邊祈禱，一邊注入兔子的血清。這番二十年前全體總動員不分寒暑地製造抗兔子免疫血清，也就是抑制排斥反應的血清的畫面，到今天仍然記憶猶新。

離今天十九年又十個月前（昭和四十三年八月），有位名叫宮崎的少年因為嚴重瓣膜症從晚上十一點開始進行手術。這名患者在手術前一直很瘦，如果是現在當然可以想到用靜脈注射加以補充營養，但在當時沒有這類東西。十九歲的重病患者，而且是經過長考後才同意動手術的處境。在那之前，因為自知手術無望而失去求生意志的患者我也曾看過不少，對於這位病患，還特別交待護士要多加留意，同時怕他不知道甚麼時候會跳窗自殺，另外專程把他安排到大病房，隨時有人看著。

最後這名患者雖然還是在心臟移植後第八十三天，因為出現排斥反應而不幸告別人世，但是在臨床報告書上所寫的病徵已轉為輕微肺炎，致命的死因也不是心臟病而是窒息死亡。

自美國開始的初期心臟移植史是部悲慘的歷史，在當時世界一片不佳的成績中，八十三天無疑是個新的記錄。

除此之外，為了保證捐贈的心臟能順利從遠地運到，保存的方法就變得很重要。正如在這裡大家所看到的，將氧氣灌入肺部，連同管子、肺、心臟一起放入保溫冰箱，如此一來，大約三十個小時以內心臟都不會壞死。從美國西海岸到東京飛行時間十個小時，這表示如果在美國出現了合適的心臟，運到東京來後至少還有十個小時的剩餘時間，如何使心臟保存的時間能夠更久，這也是目前的研究重點。

宮崎小弟弟死後，日本在關東方面開始出現反對聲浪，剛剛在前面提到我唯一的弟弟在美國擔任腦死判定委員，同一個時期他的哥哥卻為了從被檢舉的身份到告訴被撤消，花了整整三年又半的時間。期間在外國，以美國史丹福大學為中心，開始了一連串的心臟移植手術。從一九六七年心臟移植手術興起，在兩年間達到頂盛，但是由於缺乏患者長期存活率的保證以及排斥反應無法獲得改善，終於引爆了世人的情緒，全世界首次施行心臟移植的醫師幾乎沒有一個例外，應該是一個都沒有，全部都和我一樣遭到檢舉、告發。一項幾乎是全新的醫學，為了將想法與理念訴諸世人獲得認同，所可能引起的風波就是如此。

這件事雖然使得心臟移植的熱潮因此退了燒，但還是有少數堅持的外科醫師肯定心臟移植的正確性而繼續進行，在明尼蘇達州和我有過共事經驗的諾曼・夏姆威（譯音）就是其中一人。他在作移植之前一定先苦口婆心地說服死者的家屬，但即使如此還是被告過兩次，我到他家拜訪時，才知道他為此還離了婚，十分可憐。情況直到從瑞士引進塞可洛斯波林（藥名譯音）——不知道為甚麼日本寫作矽可洛斯普雷（譯音）——一種可以抑制排斥反應的藥物之後，世界各國才安心地進行心臟移植手術，案例也因此大增，現在世界總數約已累計到四千例之多，平均大概每週就有兩件。

五、日新月異的繞道手術

近年來日本成了長壽國，尤其是有西洋生活背景的人，也就是說日本現在也西洋化了？人類是溫血動物，或說是恆溫動物，溫血動物吃了溫血動物的肉、血之後，身體會長時間出現嚴重的排斥反應。動物園裡的獅子、狼等食肉動物，在自然界中如果要吃到肉，就必須先搏命殺死對方才有肉吃，只要有任何的閃失，自己的一輩子就會毫不留情地被吃掉。所以上帝又另外創造了不食肉的動物，在不食肉的草食動物中，比方說大象，就是大家所熟知的長壽動物。

日本人，現在的新新人類另當別論，向來以魚這種冷血動物為主食，而西歐人則是習慣從小到大吃進大量的溫血動物的肉、奶等，要我來說，這些食物正是引起動脈硬化等慢性排斥反應以及老化現象的主因。今天的紐約市裡有許多年代久遠，外觀雄偉的混凝土建築物一棟一棟地被拆毀，為甚麼要拆掉這些永久建物呢？問題出在當中的水管、排氣管，用人體作比喻就是血管，出現腐鏽破損而且是無法補救的情形。一開始當然也曾試圖避開破損部位，重新繞道佈管，不過連這些補救措施也無效時，唯一的辦法就是全部打掉重建，來個全部移植。

溫血動物一旦吃進大量的溫血動物，身體內的血管就會出現前面水管的症狀。膽固醇如同垃圾般堆積在血管中，日子一久，血流就變得不順暢，輸送到心臟筋肉的血液開始不足，心臟也出現疼痛，最後終於導致狹心症。血液不足的情形就像是雙腳被綁住了還得向前走，走不到十分鐘後會開始發麻疼痛，再不久就會痲痹；心臟也是一樣，會有胸痛。包括狹心症、虛血性心疾以及心臟血管阻塞都是這樣發生的。

須要擔心的還不只是心臟，也包括了全身。心臟中只要有一根血管阻塞，該部份會立刻成為導火線引發心臟疼痛，說得更白一點就是會有斷斷續續的劇痛、心筋痙攣導致的心脈不整，甚至是致死性心室顫動等。心臟整體來說就像個幫浦，靠著一收一縮發揮作用，假如當中有個地方因為缺血而不能動時，整體作動就會失去平衡。而一旦心臟無法以正常幫浦的方式作動，也就意味無法供應全身血液，以及隨時都有到另一個世界報到的可能。

在此我想呼籲有白髮的男士們，請不要再把頭髮染黑了。大半生經歷過悲慘戰事的戰時、戰後出生的諸位們，身在長壽國何以隱藏年紀大的事實呢？為甚麼不大大方方地以白髮示人呢？這些問題真是令我百思不解。除了希望從今天起日本不再是個人們羞於頂著白髮的國家之外，其實白髮還有個最大好處，就是人們會時時提醒你注意健康。既然不是電影明星，就不用強求已經是滿臉的皺紋了還要有著一頭的黑髮，如果真的實在是非染黑不可，我這不是在幫廠商做宣傳，但是建議你可以去試試亞迪蘭斯（譯音）。

還是來談心臟的問題吧。心臟有三條主要的血管．冠狀動脈，其中只要任何一條發生阻塞就糟了。理想的情形是用細細的人工血管作替換，可惜沒有，所以只好從不會產生排斥反應的當事人身上直接截取，最常用的就是大腿內側靜脈；在阻塞的部分作繞道處理，阻塞的部位一多，繞道的地方也就多，所以有的時候也用患者手腕或是胸部上的動脈作為繞道管。心臟的血管診斷在目前十分發達，哪一條血管出了問題，在幾巷幾弄幾號、甚麼方位、阻塞有多嚴重等都能事先知道，理論上只要再在該處施加繞道手術，患者的狹心症就會消失。繞道手術完成之後，血液就可以越過原先阻塞的地方繼續流動，心臟筋肉的血液也因此得到暢通。

現在大家所看到的幻燈片就是繞道血管手術的情形。最近有種東西叫做海底電纜，有了海底電纜之後即使是從國外打電話回來，聲音也能聽得十分清楚，而且國內市內電話的通話品質也變得清晰，其中的原理就是使用了光纖。利用光纖製成的細管來探照胃潰瘍，哪個地方破了個洞，該用甚麼藥好，有沒有胃癌跡象等都可以一目瞭然；同樣的道理，用一・六釐米細的光纖管伸進心臟血管中也可以達到探照的目的。

另一方面，利用光纖誘導雷射光，從血管內部燒除狹隘的部分以擴大該處面積的方法，目前也有醫師採用，只不過普及率仍不及ＰＴＣＡ。ＰＴＣＡ通常用在輕微狹心症時，以前的作法可能要開刀才能治療，最新而且拓展最快的方法是在光纖前端接上氣球，然後小心地伸入血管中狹隘的部分後再吹脹，這個方法比雷射好的一點是，不會有因為燒得過焦而導致血管破損的危險，使用的患者因此有增加的趨勢。

對於那些吃進大量乳製品、或是即將吃進大量乳製品的人，我要再一次叮嚀你，冰淇淋、麥當勞、令人食指大動的肯德基固然好吃，但是吃太多絕非好事；除此之外，偏愛標榜日本最棒的神戶牛肉的老饕們、到壽司店非點最肥美的鮪魚腹否則不能盡興的人也是一樣，這些人都是罹患現在令美國人、歐洲人頭疼的狹心症的高危險群。我不是在危言聳聽，心臟的某個小巷弄一旦沒有血液通過，整顆心臟就會像是起了大地震般地搖搖顫顫，這就是前面提到過的心脈不整。一直持續輕微心脈不整的病患不少，也有的心脈不整是血管只阻塞了一半，一走動起來心臟就會噗通噗通地跳個不停。

心脈不整也分很多種類，當心臟開始有心脈不規律現象時——以前有過因碰觸電線被電死的人第二次又被電到而復活的情形——可以直接接通電流使心臟跳動恢復正常，這種技術叫做除纖動defiberation。大約是在一九六〇年首次想出，如果通上電流，腳就會一抽一抽地抖動，那用電池連接上電線刺激心臟應該也可以使心臟恢復跳動的理論，這時正是第二次世界大戰的時候，當時真的催生了很多東西。早年使用的電池體積很大。

用那麼大的裝置是件很辛苦的事，第一代的縮小電池PACE MAKER在一九六〇年代首次使用於人體，一九八七年，也就是在二十七年後的PACE MAKER已經發展成為只有五〇〇日圓硬幣的大小，淨重二十三公克，感覺就像是個玩具的東西，一個卻要價一百萬日圓，另外還附著一條電線。為甚麼會這麼貴呢?因為全部都是舶來品，made in another country。日本的電子技術一向發達，卻只有這個是無法製造，不，應該說是無心製造，反正只要全部都仰賴其他國家就好了的心理。為甚麼日本只打算作個受益者呢？一心希望日本人也能夠在醫學上對外國有所助益，我之所以研發心臟的人工瓣也是基於這個信念，但是現在的日本，相信有很多人跟我一樣，感到遺憾。

這枚PACE MAKER在緊急時可以從脖子的地方塞入胸口，使心脈恢復正常，如果有必要也可以直接植入人體；圖片中的這個小孩子，在心臟中央有個神經通過的地方缺了個洞，如果在這裡植入很有可能會傷害到神經，於是最後決定改在腹側植入PACE MAKER，手術後已經可以過正常的生活了。

早年在PACE MAKER品質還不是很好的時候，必須時常作更換，而且還不能靠近汽車、飛機等的引擎怕會有安全上的顧慮，現在則是電氣、磁石都沒關係，而且可以十年二十年都不用取出。植入手術也是一樣，變成只要局部麻醉一個小時或一個小時半就能完成，一點也不須要擔心；要是萬一PACE MAKER不能正常運作了，也只須使用裝置緊急連絡醫師，這張照片就是患者正在用PACE MAKER貼住胸口對醫師發出訊號的時候。

六、關於心臟病治療的ＡＢＣ……

文明愈是進步的國家裡，嬰兒的出生數目愈少，這表示先天性心臟病的件數也會隨之減少。在心臟病一項中，以日本整體而言，最明顯的就是嬰兒的心臟病件數銳減，瓣膜症也因為衛生狀況改善以及抗生素的普及，已經不再增加，可以說今後最有可能增加的只有老人疾病案例。我第一次在札幌作心臟手術時是在昭和二十九、三十年，已經是距今三、四十年前的事，當時的瓣膜症患者全部集中在二十世代，現在則都是些四十到六十歲的人來就診。這種狀況說不定再過二十年，瓣膜症就會跟今日的結核病一樣，在日本成了幾乎絕跡的罕見病症。

屆時還會剩下的就是些水泥大樓打掉重建的問題，即長壽國裡的特有病症，心臟血管方面疾病。舉凡狹心症、冠狀動脈狹窄、虛血性心疾、心室瘤等這些都是中老年人容易出現的血管阻塞病例，更嚴重一點的，比方說心臟血管系統全部癱瘓，引起心筋大範圍疼痛，也就是現在最流行的原因不明性心筋炎、心筋症，類似這種病的治療方法只有一種，就是換掉整顆心臟。前面提到人工心臟經過二十年的研究到目前仍然只有一到二個月的安全使用期，最終在現實裡還是要以生物心臟為考量，其中當然又以產生排斥反應最少的人類心臟為宜，簡單說就是從死人身上摘取心臟。

不只是心臟血管，如果連同心臟筋肉也出現功能耗弱的情形時很可能就是得了心室瘤，這種病例最近也在增加。如果把心臟想成一根血管就容易了解，不過二十年前，血管膨脹的病人多是因為梅毒引起，今日則幾乎都是些中老年人再不然就是飲食精緻化下的後遺症。

動脈瘤的病徵有血管膨脹和血管表皮破裂、剝離最後裂開的解離性動脈瘤——上次報紙上刊的石原裕次郎逝世的消息，死因就是這種病，不曉得各位還記不記得——兩種。一個是膨脹，一個是破皮，二者都能引起血管像顆氣球似地脹大然後破裂。慶幸的是現在已經有人工血管可以替換；有則笑話是，就算將來患者死掉了，只有血管還可以完整無缺。

不過人工血管當初問世時並不是這麼風光，最早使用的材質，人工塑膠、尼龍、特多隆等經過測試後全部不合用，原因是這些製品通常一折就彎成死角，如果再加上心脈衝的刺激，馬上血管就會裂開。後來是一位美國人德貝其（譯音）利用手風琴的原理將人工血管折成一節一節的紋路，以後不管是再怎麼彎，怎麼折，都不會因為某處的死角導致血管破裂，可以非常安心地使用於人體。

目前最困難的研究是，如何製造出直徑只有二、三釐米的人工血管，這個問題令許多研究者相當頭痛。因為心臟不好所以動手術，最後卻發現為了取出用作繞道管的血管而切掉雙腳，就患者而言一定不能接受，為甚麼要切掉我的腿呢，原先說好的不是開心手術嗎？其實不只是病人有這樣的疑問，就連執刀的我內心也是深感遺憾。

再來換個話題，有種得了心臟病的小孩胸部會突起，我們稱之為鴿胸，另外也有一種是嚴重向裡陷。小孩原本就是應該光著身子在大太陽底下跑跑跳跳的，但是這些小孩卻不能，因為會遭人指指點點；年齡稍長懂得羞恥心後，就更不敢示人了，即使後來接受父母親的強迫結了婚，結婚當夜就分手回家的男男女女的故事也時有所聞；這種病徵叫做漏斗胸，發生機率和先天性心臟病差不多，所以說少也不算少。我到今天為止一共做過二千五百例左右這種案例的手術，記得有位美國友人對我說過：和田君，日本人怎麼都是這種病呢？說的人並沒有惡意，所以反倒是令人感到溫馨的一句玩笑話，其實我的病患中也有來自歐洲、美國和南美的，為此我還曾獲得義大利頒贈過文化勳章。手術的原理是先將凹陷的胸骨取出，換個面之後再放回原處，如此就是一個正常的胸形了，只不過做起來相當累人就是。

接下來這張照片是前面曾經稍微提到的手術，將小嬰兒從媽媽的肚子裡取出，治療好生殖器部位的血管之後再放回去，目前這種手術的適用範圍已經可以擴及到其他領域。心臟有三十個小時的安全保存期，相當於太平洋來回一週半，不過如果計算從羽田到這裡，比方說心臟醫院要多少時間？假設到達羽田時是下午三點半或是早上九點時該怎麼辦？塞車加上費時的高速公路，不對，應該說是低速公路才對，這就是東京的現狀。筑波萬國博覽會時有三萬到五萬日圓就能從羽田直飛會場的直昇機服務，東京有多少大學醫院是有直昇機起降場的？患者的使用情形又是如何？不時可以聽到哪裡哪裡的都立醫院因為周遭的居民抗議噪音太吵，一次也沒使用過的情形，這些都是現在日本正在發生的事。一開始時我曾經形容日本是developing country（低開發國），現在再回頭想想，日本真的是有必要重新檢討自己。

不過再怎麼說，最令人擔心的還是那些因為嫌白頭髮太突兀，染黑嘛嫌太假，茶褐色則剛剛好，所以特別染成茶褐色的人，這些人每天吃進漢堡之類的速食，一旦前述情事真的降臨在他們身上，到時又該如何？在此稍稍賣弄一下學者的習氣，想以英語，不是德語，來作解說。ABCD我想就是幼稚園的小孩也都學過，應該是耳熟能詳的，ABCD中只要記到ABC就夠用了，就連幼稚園生都可以記得住。A就是A，吸氣。使人吸氣就是人工呼吸。A步驟首先要做的就是人工呼吸。人工呼吸的訣竅是kiss，活人吐出的空氣中含有大量瀕死的人所需要的氧氣，所以當心愛的人快要死時，第一件要做的事就是抱著親嘴；正面對衝的話因為擔心鼻子和鼻子會擦撞出火花，所以要橫著親，然後呼地一聲大口吹氣，這就是A跟B的步驟。

另外還有一點也很重要的就是循環，如何使停止流動的血液恢復流動，最好的方法是用力捶打左胸。大家都有過夫妻吵架的經驗，吵架的時候是不是捶著對方的胸哭個不停？那就是愛的記號。夫妻之間的最後求愛的姿態就是吵架時的互相捶打。當心愛的家人沒有氣息時，千萬別忘記抓住他用力捶他的胸，迅速地用力捶打心臟，捶、再捶、拚命捶，四個人之中也會有五個人原已停止的心臟會因為你的捶打而活過來。絕對錯不了，就是捶打，那是愛的記號，接吻也是。

捶打也要有方法，心臟在左側，所以要捶打左側的胸口，而且既然都是要捶，乾脆拳頭握緊一點地捶。捶完之後再跨坐在病人身上，雙手撐直從外部推壓心臟，因為心臟自己無法做這個動作，所以必須由外部壓住整個胸部將心臟的血液推擠出來，這點很重要，千萬要記住。另外由於如果只是一味地使力壓，手會很快就沒力，所以壓的時候要將全身的力量貫注在撐直的雙手上，垂直向下用簡直要折斷胸骨的力氣壓擠，就算把肋骨折斷也沒關係，畢竟捶的人也是累到骨頭都散了，只要把命撿回來就可以了，這點才是最重要的。我曾經對好幾名的患者當面說過：對不起，把你的骨頭給弄斷了，可是我也是累得骨頭都散了。這不是在說笑話，是真的發生過好幾次的事情。請記住，你的愛有多深就使多大力。所以ＡＢＣ就是，第一步口對口吹氣，kiss，用盡吃奶的力氣用力吹；然後捶胸，一股腦兒地捶，這些都是大家能夠做到的事，而且可以救人。一邊做急救時當然也別忘了要找人幫忙。

但是，有一種情形是絕對不能做ＡＢＣ的，那就是腦病變的病人。遇到這種情形時答案一定是ＮＯ，比如說，現場可能也有這種情形，上次在某個場合裡，有位仁兄話說到一半突然想睡覺，結果一下子就睡著了。這個人原先就有高血壓，那次是因為腦內出血。腦部出現病變的人通常會有易倦、嗜睡的徵狀，前一秒鐘還坐在椅子上好好的，後一秒鐘馬上就身子一沉睡著了。遇到這種狀況千萬不能捶打心臟，這是由於腦出血，腦內部出現狀況，狹心症則正好相反，原本神色不錯的人會突然表情糾結，大喊胸口痛、難過等。

七、值得重新省思的醫師與宗教的一體性

宗教的問題在歐美是接於醫學、醫療之後。說到南丁格爾相信很多人都有印象，當醫學無能為力時，她集合了一群健康的人到一間房子裡親切地共同看護病人。護士在日本話裡譯作看護婦，外國語直接音譯則是那斯、普雷。在南丁格爾之後醫學有了長足進步，醫師實行醫術的地方成了由宗教家經營的，聚集患者的場所。到歐美一看，大型大學醫院幾乎全部都是基督教派，例如聖路可斯（音譯）醫院、普來斯畢昂（音譯）醫院等用的都是教會的名字，醫院同時也一定設有設備完善的教堂。我在外國也行醫過好多年，作過不少患者的手術，在病房裡不時有和修女，相當於日本的修道僧，或是和牧師擦身而過的經驗，有時也和他們一起同病人商談。一般家庭在星期天通常會帶著全家人上教堂作祈禱開始愉快的一天，即使到今天為止，這種家庭仍佔了有八成。

現在在現場的人當中有多少是能肯定地說出，我是基督徒、我是佛教徒的？一百個醫師

裡，有宗教信仰的在日本我想只有一到二人而已吧。在日本如果病情惡化時，和患者接觸的通常只有醫師而已，先進國家的作法則是如果病人罹患了重病，屆時一定會有自己宗教的僧侶或是修女到病房和病人談話，安撫病人的情緒。

宗教中最重要的是家庭教育。為人父母的宗教信仰，祈求神明等宗教態度對小孩的教育是有必要的，即使是尚未斷奶的嬰兒也能在潛移默化中自然地成為信徒。佛教，很可惜的是並非好懂的宗教，就算有專人唸經給你聽，內容究竟在說些甚麼一樣是莫宰羊，至於神道那就更不用說了。別的不提，光是一國的首相不能到供奉第二次大戰戰亡人民的祠堂祭拜一事就讓人十分地不解；可是一說到神道的結婚儀式那我就懂了，首先有神社主祭會出面主持。參加葬禮時聽和尚敲鐘鏘鏘的聲音，加上香煙緩緩流動的景象，心裡也似乎就有了到彼岸的心情。在寒冷的夜晚，聽著咚咚的敲擊聲也常能使人隱約感到身為人的寂寥。

如果你還是不了解，不妨帶著小孩在星期天上教會辦的日曜學校去看看，你就能夠了解小孩是多麼地快樂了。那些看護小孩的保母、修道僧們如何以慈愛的心，使小孩子歡喜，將一部份神的力量賜給孩子們；更令人感動的是，戰後日本百廢待舉……，剛才也有提到日本人撿拾地上的煙蒂來吸的景象，就在那樣乞食的日子裡，試問是誰幫助了日本成長？一些民間的好心牧師、修道僧們來到日本，給了當時悲慘的日本人光明的希望，在教育上創立了上智大學、聖心女子大學等教會學校，類似的學校另外還有很多，包括基督教大學和立教大學都是。當年勞心勞力致力日本人心靈重建的功臣們如今都已屆七十、八十高齡，他們現今的處境諸位知道嗎？冷清的女修道院病床以及冷淡的醫療就是他們所得到的。

最近有許多人到國外參觀對方的老人醫療、收容所等設施，回國後洋洋灑灑地發表了不少言論，真是後見之明人人會說。在場的各位，身為人家的母親、父親、作人家兄弟的要如何做才能夠溫暖人心呢？是不是應該從學習宗教是甚麼開始做起呢？日本的學校全是一些幾乎沒有接受過神佛教育的人在當老師，就連大學教授也是如此。不管是辦教育還是辦醫療都沒有宗教心，這就是日本教育體質的弱點。

正如我剛才提到的，日本的水準實在是連低開發國都搆不上，充其量只是under develop。

前些日子在報紙上看到一篇報導，敘述一位日本癌症病人在美國的醫院裡到死都還在繼續寫日記，作者寫著自己覺得這種死法很幸福。美國就是有這種環境，讓人即使明知得了癌症也能從容地面對死亡，對醫師向病人坦白癌症一事也多持贊成態度。醫得好的癌症有很多，一定可以治癒的癌症也不少；日本的醫師教育做得不好，即使是可以醫治的癌症，處理的方法也像是無藥可醫的癌症，就怕病人受到刺激，也因此「『癌症』二字是為禁語」成了在日本的共識。

不管科學如何進步，人類一樣過日子；只要從父母那裡領受生就一定也會死，這點是永遠不變的，絕對不會。你也許會問，那麼人類究竟能做甚麼呢？在活著時和宗教交個朋友是個不錯的建議。日本自從戰後成了一片宗教沙漠，那麼多的同胞，幾百萬前途大好的青年在戰爭中死去，沒有任何的理由，連說聲道歉，到神社前祈個冥福都做不到的日本，究竟是個甚麼樣的國家？是不是有點不具世界常識，沒有做人常識的國家？或許你會問：那麼和田君你呢？說來今年是我做了四十九年的外科醫師之後第一次從大學畢業，今晚就是抱著想為世人多盡分心的想法來到此和各位交換一下意見的。

我想對各位說的是，做人一定要謙虛。人類有很多事情辦得到，也有很多事辦不到，關鍵就在於心的依歸，也就是宗教。有宗教在的地方，心臟捐贈、腦死問題等都容易解決；美國有些因為犯了罪，被處電椅死刑的人犯在坐上電椅前，法律規定可以允許有教誨師給予協談，經過僧侶曉示人犯明日世界的光明面，人犯的心情也獲得平靜之後，再予以執行死刑。即使沒有犯罪，生病的人也應該有要求如同教誨師給予人犯宗教開示般安撫的權利，所以是不是也有必要針對那些生病的、早夭的人做情緒治療，鼓勵世人接受修女頻繁出入醫院的觀念呢？

八、死亡判定由醫師執行的事實

對於心臟的事一點概念都沒有就馬上進入腦死話題的態度，在我看來無異是不切實際的。所以在前面都刻意地避開腦死的話題，希望各位在對全體有了概念之後再來談。

關於心臟移植做與不做的拉距戰已經持續有好長一段時間，期間的每一步都可說是錙銖必較，在哪裡做，由誰來做，在爭議聲中不知不覺今年已經是心臟移植開啟醫學新頁的第二十周年，英國ＢＢＣ為了表示紀念，特別製作了全世界慶祝心臟移植首例的專輯。仔細想想，每顆心臟代表的都是人類的愛心，從心出發的醫療就是愛。醫療是愛的實踐，醫學則支持醫療。無法從醫師、今日醫療的實踐中感受到愛，任由冷冰冰的醫療醫學走在前面的日本現狀，是否會對未來的發展造成無可彌補的傷害，著實令人憂心。

一個有所為的醫師對患者的獻身之道應該是，不問自己是基督徒還是佛教徒，不去管國家說甚麼，就算被割頭仍然忠於自己的職責。問題是，能夠秉持歐美各國為了心臟移植而勇於披荊斬棘的心臟外科醫師，在日本是否也找得到？在我任教大學三十年間，共有十一名教授前來敲過我的門，這些人現在每個都成了比我還優秀的教授，其中一位曾經自美國運來從死人身上摘下來的新鮮腎臟供日本作移植，這件事當時還上過報，大家不曉得還記不記得？這名學生在我當教授時還只是個醫學院研究生，經過我一番極力勸說，終於決定放下在日本的一切，投在寺崎（譯名），即發現白血球排斥反應的世界第一人的門下，繼續從事研究。基於想貢獻自己出生國的理念，所以才從美國腦死病人身上取得腎臟，送上飛機運到日本。我認為，如果有心在日本貢獻一己之力卻不能獲得認同，像他一樣到國外去發揮所長其實又有何妨。

最重要的是這裡，愛。因為愛所以能夠奉獻自己，我以為這就是佛心，基督的心。接受是一回事，有沒有行動是另外一回事，更重要的是，首先要有為使自己得以存在的人奉獻的心。為甚麼日本的捐血普及進展會落後，原因就在於此，當全世界都採雙倍捐血量時，只有日本仍堅持一半的量。角膜移植也是一樣，日本早先從事手術的醫師，在美軍進駐接受表揚之前一直都是被忽視的。京都府立醫大教授，也是日本第一位從事腎臟移植的醫師在獲知被入罪後，馬上拿火燒掉全部的病歷，為的就是要盡到醫師保護患者的職責；因為有愛，所以能培育出正確而且溫情的醫療，這也是我對當前日本醫療的期望。

因此，教會和寺廟要做的就是，設法營造喜樂的氣氛吸引天真無邪的小孩子前往；今日的佛教，或至少基督教也應該做到能夠讓純潔的小嬰兒在愉悅的氣氛下領洗的環境。這樣做的結果，對方領不領情倒在其次，重要的是有這份心，尤其對於醫學生與年輕的醫師們來說，這點更是希望他們能牢牢記住，並且努力朝著這方向去做。每個人如果都有這份心，十人？百人累積下來，我相信目標就不遠了。

大家都說，日本能從原爆廢墟中站起來，恢復到今天這番繁榮景象，靠的是全體國人的力量；下次我更希望聽到的是，同一批缺乏宗教精神的國人，建設了人人以人生為美好的國家；雖然已經晚了二十年。至於要如何做呢？坦白說，光是腦死的問題，似乎就只有倚賴外國人的愛心一途，日本人還真是會撿現成的便宜……。比方說有個老婆婆在十字路口跌倒了，這時你猜誰會伸出手扶他一把呢？會急忙跑到他身旁的通常都是來日本觀光的外國人，日本人因為擔心四周的人如何看他，總是等到有人先出面了再一窩蜂湧上去，這種現象跟現在談論的話題不無關係。

這樣的解釋大家是不是愈聽愈糊塗了？其實說穿了就是，原本極為單純的地方麻痹了，沒有積極性，而且沒有行動力。日本已經十分富裕了，不再需要外來的援助，外國的人民正如此重新看待日本。樹大招風，今後來自各界的批評可能不會少只會多。日本曾經落後過，但迎頭趕上了，同樣的能力沒有理由現在失去。日本，日本，老把日本掛在嘴上的毛病應該戒了，身為亞洲的一份子，走出國門卻不識臺灣、香港，一味膨脹自己是日本人的舉動該停止了。倒是應該捫心問問自己，為甚麼會怯於在自家門口高掛日之丸旗？連掛國旗都反對的人，還有甚麼是可以和他談的，所以請不要再只是口頭上愛日本，試著以世界一份子的心態不是更謙虛嗎？

主辦單位要我談腦死的問題，其實說起來那是件非常單純的事。就像我一開頭說的，日本人的國民性就是喜歡把一件單純的事講得很複雜。我並無挖苦之意，只是純粹就我在國內外前前後後總共待過九所大學的經驗觀察，外國人在談事情時，的確簡單明瞭，而且有趣，讓人覺得受益良多；反觀日本，愈是名氣大的教授，課堂上打瞌睡的學生就愈多，下課時的掌聲也愈大，原因就出在教授所用的英語太過艱深，讓學生提不起興趣。但是如果這時來了個說話帶點腔的美國人，艱深的英語馬上就不靈光了，反倒常常出現無法溝通的窘況。數以百計的日本人到國外工作，在當地生下小孩，送入當地的學校，回國後說得一口流利的英語，這些小孩在日本稱為歸國子女，並且受到排斥。在大學裡威風八面的教授參加國際會議，如果還得帶個年輕翻譯員在身旁，又如何能期望與外國友人達到心與心的交流？諸如此類的例子還有很多，在此不一一作列舉。

講到腦死的醫學現象，最能夠表現的例子是，把頭整個去掉的狀況。舉個例來說，大家如果有到店裡吃泥鰍還是鰻魚的經驗，應該都看過大廚用錐子先將魚固定在砧板上，然後俐落地切下魚頭，再唰地一聲剝去魚皮而魚還在動的情形，這就是腦死，頭整顆都被拿掉了的狀況。在醫學上，例如子彈穿過腦部，引起腦挫損、腦內出血等也會造成同樣現象。腦雖然死了，身體的其他部分，全部在短時間內仍然繼續地活著，這種情形就像是老爺爺死了隔天，卻發現鬍子又冒出來了一樣。在以前，如果是冬天屍體在家擺了三天以上，生者還有替死者修剪指甲的習俗。如果能想成正如不能因為指甲長長了，就表示屍體沒有死，那麼問題就容易得多了。

代表一個人的人格存在於頭內部，也就是腦。神經雖然可以藉由外科技術加以接合，但是要接合腦和頸子那是不可能的。頸部以上的腦一旦受損，即使當事人手腳仍然活著，作為一個人卻無法活下去。但是這種情況在今日醫學的幫助下，已經可以藉由機械達到維持心臟和肺的跳動而有所改觀。

我在距今二十多年前曾經做過一項實驗，內容是將心臟連同肺一起移出人體外，持續三十個小時保持心臟跳動。實驗的結果是心臟還在動，可是心臟的主人呢？除了心臟和肺是靠機械維持跳動之外，其他一切正常。但是如果是腦不動了，情形就會是一旦停掉機械後，「能量」也會隨即消失。換句話說就是當醫師診斷腦不行了時，身體的其他部份就全成了遺骸。至於該由誰來決定何時是停掉機械的適當時機呢？這個問題從以前開始就只有醫師能作回答。從腦死的狀態到完全腦死，其中所花的時間或快或慢，至少幾十個小時內心臟一定會停止跳動。

腦死的死亡宣告和普通死，即心臟死時醫師所作的宣告是一樣的，簡單說就是腦成了NO的狀態。當腦的狀態被判定不是YES時，就是腦死，也就是說當專門的腦神經醫師作死亡宣告的那一瞬間，即相當於生物學上的從生入死的分界點，又說是整個身體逐漸朝死的一方移動的無可避免流程中，當中的一點。

演講進行到這裡，不知道在場的各位是否有問題要發問？在場的人士當中想必有醫師，也有接受過手術的人；可能家裡還有小孩生病的，護士應該也在，都是些有各自立場的人。不曉得是不是大學教授也來了？生病這回事，基本上攸關到privacy（隱私），在國外對此是很重視的，對於心臟移植的處理態度，媒體一般都有捐贈者姓名絕對不能曝光的共識。記得在二十年前的心臟手術中，為了遵守與死者家屬的約定，我事前曾再三地要求記者不要提到捐贈者的姓名，結果卻是事與願違，山口先生的大名充斥各大媒體，讓我當時真是覺得十分愧對死者家屬。最近還有連患者本人都沒見過，光憑在報紙、廣播上的談話節目就能作推測診斷、指導，這種事就算是跑遍國外，也只有在日本才看得到。事態的嚴重性已經不能忽視了，畢竟保守秘密、真正的privacy與醫師的信用應該是相關連的。尤其是腦死，一個處理不小心就可能引起可笑的誤解。我要再次強調的是，死亡判定只有持醫師執照的人能作，可見醫師執照的神聖性；而且腦死的專門醫師也不限於一定要和外科有任何的關係。

九、腦死論戰與器官移植的問題

就我在這裡所講的腦死判定的案例中，光是受到全世界的人、醫師所採納的心臟移植，已經執行了的就有好幾千例。如果再加上肝臟、腎臟等由於腦死判定而受惠的器官移植案例，總數則應該已有數萬例之譜。不知道那些建議病人：「你需要的移植在日本並不允許，所以請到國外去試試。」的醫師們，是不是也仔細向病人說明過，外國的腦死病患是因為家屬的善意而決定捐出遺體的？腦死只是一種生物現象，雖然定義細分起來很複雜，不過主要的論點是：由專門的腦神經醫師來作死亡判定，並且確定拔掉人工呼吸器之後，腦以外的心臟以及身體的其他部分百分之百都活不了。這一點對有經驗的醫師來說，應該不是甚麼難事。

由我執刀的宮崎君病例，雖然最後弄得捐贈者的姓名人盡皆知，但是慶幸的是，至今我仍能和兩家人，包括山口先生在東京工作的兄弟相處融洽。像我這樣歷經二十年未曾遭到兩家人任何埋怨的醫師，在日本國內就我一人，這也使得我有感到修成正果的喜悅。想想看，首先是一個人選了一條路走，心裡面想這是條正確的路，一直向前進，卻因為失了方向不得不返回原點。第二個人一樣是認為這條路是正確的，但是在路上給絆倒了。到了第三個人繼續走上這條路，這是一條誰也沒走過的路，或說是新的手術・心臟移植手術。然後有第四個人走過，路上開始留下足跡，接著第五人、第六人一個接著一個各自地試探，直到大家齊聲道可以囉、齊步走為止，這當中難道沒有神的恩典？塞可洛斯波林（藥名譯音）的發現使得心臟移植的手術得以水到渠成，「有了這個就完滿了」「果真不錯哩」人們如此說，然後開始了一連串的心臟移植手術，一直到今天。

在一個接一個承認道路的正確性，眾人前仆後繼的過程中，必要的交通規則，即腦死判定的方法標準也應運而生。日本有很多人死亡，迫切需要心臟移植的人也愈來愈多，既然如此，為甚麼在日本動這種手術的爭議還是不斷？難道說，不管是對外國人本國人都一樣盡心的真正的醫師心，南丁格爾的心，能夠秉著這些真摯的心意執刀的本國醫師一個都沒有嗎？問題的癥結就在於，醫師能否以生命作賭注決定做還是不做。病患將生命交給醫師全權處理，如果只有醫師是保證絕對地安全，這種不對等的賭命法其實是大有問題。醫師應該有自己認為是正確的事，就算斷頭也要堅持到底的信念，因為唯有如此，一件又一件正確的行為累積後，何種狀況可判定為腦死之類的活生生意見才能在當地國結晶昇華，然後成為器官移植的大道。

其他的許多國家已經建立了器官移植的暢通管道，例如瑞典雖不承認腦死，但顧慮到病患的權益，於是和英國聯手，利用英國的腦死病患的器官在瑞典進行心臟移植，這是基於兩國之間的協定所促成。但是如果日本實在辦不到，我建議不妨向鄰近的韓國、臺灣、香港打個商量，請求協助；日本國內不是也有美軍基地嗎？姿態低一點向他們請求協助吧。

胸襟放大一點，以更寬宏的心要求醫師，醫師也用更寬容的心對待病人吧，只要pride（自尊心）不抬太高，問題自然能迎刃而解。至於各方的高見則可以停了，除非是有良心、有誠意肯為人類奉獻的醫師，則可以全權委託他。但是就怕日本的醫師沈痾已深，根本無人可託。美國的心臟移植史雖然有個poor start（不好的開始），但是到今天，沒有人能否認對於人類的貢獻，相較之下無人可託的日本就令人遺憾許多。為甚麼日本不能承認腦死呢？這個問題有必要從日本醫校的體質重新檢討起，或許可以明白，究竟日本在臨床醫學上的態度是甚麼。

宗教家有宗教家的意見，哲學家有哲學家的意見，但是這些出意見的人都不曾實際診治過人體，也沒對人體動過刀，亦即本質上是有差別的。珍貴的意見固然不少，但是這些都不能改變死亡的判決權在於醫師的事實；試問：沒有醫師執照的人可以主持手術嗎？當然不能。器官移植是外科手術的問題，就算輕輕傷到他人的身體，只要沒有醫師執照，原則上就構成犯罪，這點我在前面也提過一次。當全世界以嶄新的想法，幫助人類得到幸福的心臟移植手術已經累計到四千例以上的今天，令我不解的是，日本的醫師卻還在為腦死的臨床定義而爭論不休。

不過不解歸不解，最後，我還是將前面的內容再複述一次。從第一件在日本進行的心臟移植手術到今天，整整二十年，日本每天都有人死去。二十年前的心臟移植時，還有四十多名民眾自願在死後捐出心臟，報紙上還登過名字，各位有機會可以去查一查當時北海道地區的報紙，上面清清楚楚地記載著願意捐出心臟的每個人的年齡以及地址。可議的是，這股善良人民和外國人民一樣響應死後捐贈的潮流，到了今天卻回到了原點。腎臟移植也是，從腦死，也就是遺體腎臟捐贈的件數也愈來愈少，這不是很奇怪嗎？二十年前曾經可能的事到今天一件一件成了不可能。該是民主主義用錯方向了吧？知的權利與告知的權利沒了個標準，至少就一個醫師的眼光來看是這樣的。我成為外科醫師之後，至今已經動過二萬五千人次的手術，這個記錄在日本應該也是最高的。如果自己選擇執手術刀，而且所從事的又是日本未開發的心臟、胸部外科的處女地，三十年來忠於己職，並且真摯一路走來的人卻一直被排於外科學的大學教授圈之外，這樣子的大多數日本醫師怎能叫人放得下心。問題不就是出在醫師上嗎？本質上來說，當然，各時期也有各時期的哲學、社會學以及一般社會大眾的建議相當值得參考，日本的臨床醫師，尤其是醫學界應該試著將患者心比作自己心，服從醫學倫理並且學會更加謙虛。

在此我衷心地希望，雖然已落後世界心臟移植有二十年的日本，能再發揮一貫迎頭趕上的驚人潛力，再創新猷，讓亞洲各國稱讚我們有近鄰愛，充滿國際性。腦死的件數原本就不多，如果再扣掉大小、血型不符的個案，剩下真正能用於心臟移植的就更少了，但是等候器官的患者大排長龍卻是不爭的事實。如何善用珍貴的捐贈器官，成立不只是全日本，也包括亞洲各國的人民都能使用的移植適合中心，以及心臟移植能夠在日本重新出發，展現無私的人類愛，這些都是我真誠發自內心的期望。

死，是件嚴肅的事，也是宗教與醫學的交集。同時希望和各位一起來思考的是，導致今日腦死問題懸盪未決的主因其實在於：日本缺乏死前由牧師、和尚、修女與醫師共同關懷病人的看護體系。

（札幌醫科大學名譽教授）

著者小傳（行文序）

藤井正雄

一九三一年　生於日本東京

大正大學研究所宗教學修畢

現任　大正大學文學院教授

主要著作　《現代人的信仰構造》、《有利者》

金岡秀友

一九二七年　生於日本埼玉縣

東京大學印度哲學系畢

現任　東京大學文學院教授

主要著作　《密宗的哲學》、《佛教的國家觀》

中野東禪

一九三九年　生於日本靜岡縣

現任　曹洞宗教化研習所講師

主要著作　《坐禪的建議》、《道在我胸中》

和田壽郎

一九二二年　生於日本東京

北海道帝國大學醫院畢

現任　札幌醫科大學名譽教授

主要著作　《堆砌不動生命之塔》、《心臟外科的專門看護》（監修）

生死學叢書書目

揮別癌症的夢魘

羽生富士夫／著
何月華／譯

癌症是現代人健康的頭號殺手，您對癌症認識多少？癌症等於絕症嗎？不幸罹患癌症的話，要如何面對死神的挑戰？具有「上帝之手」美譽的日本名醫，以他個人的切身經驗，懇切地告訴大家，以知識對抗癌症的重要，以及許多與癌症有關的預防、醫療等方面正確的觀念，是重視保健與生命品質的現代人必看的著作。

無生死之道

盛永宗興／著
郭敏俊／譯

面對人生的生老病死，您作何感想？對於世間一切的生生死死、死死生生，感到迷惑不解嗎？請聽日本著名禪師盛永宗興娓娓道來，以生活化、深入淺出的例子，帶領我們參透生與死的迷霧，體會「一期一會」、「遊戲三昧」的生命哲學，活在每一刻當下，生死將不再是人生痛苦的代名詞。

凝視死亡之心

岸本英夫／著
閻正宗／譯

本書是日本已故宗教學者岸本英夫與癌症搏鬥十年的心路歷程。當獲知罹癌，並被宣判只剩半年壽命後，他除了接受必要的手術治療外，也開始思索生命的本質，並陸續寫下手術前後，他在死亡威脅下的心理調適和哲理思考，他也因此將肉體生命從半年延長為十年。這其中艱苦的奮鬥歷程，句句珠璣，斑斑血淚，值得品味。

美國人與自殺

赫華德·庫盧諾／著
孟汶靜／譯

本書從心理、文化的角度探討美國人的自殺行為，並以十分具有啟發性的方式，陳述出過去三百年來西方社會對自殺行為的探索過程。作者成功地綜合了西方各學派分歧的自殺行為理論，而發展出一套嶄新且具有說服力的論點，在心理與歷史學界贏得極高的評價，對研究早期華人移民的自殺行為亦有助益。

宗教的死亡藝術

肯內斯·克拉瑪／著
方蕙玲／譯

本書以比較性、宗教性的方法，探討世界主要民族與宗教關於死亡、死亡的過程以及來生等等課題所採取的態度與做法。讀者將可發現，書中所列舉的每一項宗教傳統，都在指導它的實行者，不僅在死亡前，同時就在死亡的片刻裡，就能技巧地掌握死亡。死亡可說是一門牽涉到肉體死亡與再生經驗的宗教性藝術。

禪僧與癌共生

鈴木出版編輯部／編
徐明達
黃國清／譯

一位因罹患癌症而被宣告只剩三年生命的禪僧，如何活在癌症的病魔下，如何掌握人世間的生死，將餘生投注在什麼地方？本書即是與已故荒金天倫老和尚（日本臨濟宗方廣寺第九代管長）交往過的人，藉他們的證言撰集而成的報導文學，將老和尚以三年餘生充實為精神上三十年的生命風采，再度活現於紙上。

死亡的科學

品川嘉也／著
松田裕之
長安靜美／譯

人為何一定得經歷死亡？老年是否真的是人生的累贅？「腦死」就意味著「死亡」嗎？……這些疑問，在本書中都有詳盡的討論與解答。作者從生物學的角度出發，探討與生物壽命有關的種種議題，進而提出人類面對生死問題時應有的認識與態度，是一本將死亡學提昇到科學研究的難得之作。

死亡的真諦

小松正衛／著
王麗香／譯

當被問到：「如果人生可以重來一次，你希望擁有怎樣的人生？」多數的回答可能是出身好家庭，擁有高學歷，事業穩固，平安幸福過一生。但本書作者卻說：「世間非常艱苦，人生難行，但一路行來的人生，我還想再走一次。」是什麼樣的經歷與啟示，讓他如此達觀？請隨著作者一路前行，游入古聖先知的智慧大海……。

輪迴與轉生

石上玄一郎／著
吳村山／譯

「生死事大」，為了探究它，各種哲學與宗教已提出了許多答案，「輪迴轉生」便是其中之一。這種思想出人意料地貫通東西方，幾乎發生於同一時代。它的起源如何？呈現出那些面貌？果真能解決「生死」問題嗎？這些在本書中都有廣泛而深入的探討。

生與死的雙重變奏

齊格蒙・包曼／著
陳　正　國／譯

意識到必朽（死亡）與對不朽的追求，深深影響著人類的生命策略。人類社會建制與文化面向的型塑過程中，更存在著「解構」必朽與不朽的辯證和互動關係。而在「現代」和「後現代」社會，這種「解構」又出現了有別於「前現代」的許多變奏。且看包曼教授如何透過集體潛意識的心理分析，從不同角度詮釋「死亡社會學」。在必朽與不朽之間，您將重新認識現代人的社會與文化。

透視死亡

大衛・韓汀／著
孟　汶　靜／譯

本書所探討的論點，主要有下列幾點：一、在什麼樣的情況下，個體才算死亡？二、末期病人有沒有權利決定自己的生與死？三、器官捐贈能不能得到社會大眾的認同，進而成為一件普遍的事？作者以平鋪直敘的方法，為每一個論點作了總整理，提供讀者許多寶貴的資料與觀念，在臨終與死亡尊嚴等議題的探討上，能有進一步的認識。

看待死亡的心與佛教

田代俊孝／編
郭　敏　俊／譯

本書由八篇演講記錄構成，內容包括親人死亡的感受、個人的瀕死體驗、對死亡的心理準備、佛教的生死觀等，發表者有僧侶、主婦、文學家、醫師、佛教學者等不同人士，從各個角度探討死亡問題。正如主辦演講的日本「探討生死問題研究會」宗旨所示，如何在老、病、死的人生當中，正視死亡的事實，學習超越死亡的智慧，讓人生更加充實，是現代人的切身課題，值得大家一同來探討。

生命的終結

阿爾芬思·德根
早川一光
寺本松野
季羽倭文子／著
林雪婷／譯

在面對末期病患或臨終的人，甚至是自己生命的終結時，我們能做些什麼？該做些什麼？是本書所要探討的主題。四位作者分別從死亡準備教育、醫療與宗教、臨終看護等專業的角度，提供他們寶貴的經驗與意見，是關心此一議題的讀者最佳的參考。透過討論死亡，了解死亡，我們的生命必能更加美好。

從容自在老與死

日野原重明
早川一光
信樂峻麿
梯實圓／著
長安靜美／譯

隨著高齡化社會逐漸到來，種種老年心理與生活的調適、老年疾病的醫療、安寧照護等等問題，一一浮上檯面，這也是每個家庭和個人都要面對的問題。本書從接受老與死、佛教的老死觀、老年與疾病、末期照護等等角度，提出許多觀念與作法。藉由思考生命末期與老和死的種種課題，期望每一個人都能獲得一種從容自在的智慧與人生。

生與死的關照

村上陽一郎／著
何月華／譯

死永遠超越我們人類的「理解」，人類如果不能體認這個事實，醫療便會陷入「器官醫學」的窠臼之中。作者透過對現代醫療種種問題的根本探討，如醫療倫理、醫院內部感染、器官移植、安樂死、腦死、告知權、愛滋病等，重新思考生為何物？死為何物？什麼才是正確的醫療？觀念新穎，析理深刻，是您不可錯過的一部「現代醫療啟示錄」。

超自然經驗與靈魂不滅

卡爾・貝克／著
王靈康／譯

自古以來，人類對來生的想像便不曾中輟。「第六感生死戀」、「穿越陰陽界」等電影的風行，正反映現代人對轉世與投胎的濃厚興趣。但西方的唯物論和科學主義卻斥為迷信，到底孰是孰非？本書即在透過科學化的研究，深入探討死亡過程的異象與靈魂不滅的假設。顯像、附體、前世記憶、臨終體驗等現象是真是假？當生命結束後，人類某些「重要特質」會繼續存在嗎？本書有您想知道的答案。

超越死亡

霍華德・墨菲特／著
方蕙玲／譯

莎士比亞稱死亡為「未被發現的國土」，因為尚無人能像哥倫布發現新大陸一樣，在造訪該地之後回來向世人述說他的經歷。但自莎翁時代以降，有關這項古老秘密的研究工作，已有不一樣的風貌，本書即是其中的佼佼者。作者透過宗教、哲學、神秘主義以及經驗證明等比較觀點來檢視死亡，為我們揭開死後生命世界的奧秘。

生命的安寧

鈴木莊一等／著
徐雪蓉／譯

有別於一般病人，末期病人的醫療與照顧，需要我們投注更多的關懷與付出，才能幫助病人安寧地走完人生。本書六位作者分別站在醫療與宗教的角度，透過親身體驗，以「從初期護理看末期醫療與宗教」、「宗教對醫療之重要性」、「佛教福利與末期護理」、「日本療養院的宗教與醫療」為題，提出他們的看法，值得大家參考。

從癌症體驗的人生觀

田代俊孝／編
徐明達
黃國清／譯

當遭逢周圍親友身故，或曾經體驗死亡經驗時，對人生與事物的看法，將會有所改變，尤其有過癌症體驗的人更是如此。本書即是日本「探討生死問題研究會」以此為主題所收集的八篇演講實錄編輯而成。癌症雖可怕，卻也是生命的一大轉機。「向癌症學習」、「向死亡學習」，這樣的人生經驗，彌足珍貴。

心靈治療

佐佐木宏幹等／著
李玲瑜／譯

面對生死問題，人類的反應模式和其自身的「世界觀」有著密不可分的關係。自古以來，民俗宗教在醫療上所佔的地位，更是舉足輕重。但在宗教與醫療各自分工的現代社會，這種現象是否依然存在？民俗宗教與現代醫療如何相輔相成？信仰與精神醫學有何互動關係？新興宗教在日本社會又扮演何種角色？這些在本書中都有深入而廣泛的探討。

死而後生

田代俊孝／編
吳村山／譯

為了充實自我的人生，也為了能與面臨死亡的人同其感受，一起超越死亡的痛苦，深入探討死與生，不是很重要嗎？秉持這個宗旨，日本「探討生死問題研究會」定期舉辦研討會，並將演講內容彙集刊行，本書即其成果之一。正視死亡，才能讓生命更加充實。由生而死，從死看生，正有待我們認真玩味思索。

生命的抉擇

藤井正雄等／著
陳玉華
李金玲／譯

器官移植牽涉的層面極廣，它與人們的生死觀、民俗宗教信仰和對遺體的看法都有密切的關係。而不管從宗教、醫療或法律的角度去探討，贊成與反對雙方皆持之有故，不易取得共識。這種情形在日本尤為明顯。本書即是日本「醫療與宗教協會」就此議題所收的四篇專論。對於此一攸關生命的抉擇，您有何看法？本書提供您許多思考方向。